BASTEI
LÜBBE

Wendy Haig

Ehemänner

und andere Schicksalsschläge

Aus dem Englischen
von Eva Malsch

BASTEI
LÜBBE

BASTEI-LÜBBE-TASCHENBUCH
Band 12862

Die gebundene Ausgabe des Kabel Verlags erschien
unter dem Titel:
Glücklich verheiratet – trotz alledem

Titel der amerikanischen Originalausgabe:
Happily married in spite of it all

Printed in Germany Oktober 1998
Einbandgestaltung: ART Studio, Köln
Satz, Druck und Bindung: Ebner Ulm
ISBN 3-404-12862-1

Der Preis dieses Bandes versteht sich einschließlich der
gesetzlichen Mehrwertsteuer

Inhalt

Danksagung

Ich danke meinem Mann Alex für seine Hilfe bei meiner Arbeit an diesem Buch. Sicher ist er froh, weil es nun beendet ist, denn nun kann er sein Leben weiterführen, ohne befürchten zu müssen, daß ich darüber schreibe und alle möglichen Leute es lesen.

Zweifellos wird mein Werk unsere vier Söhne Alex, Chris, Peter und Billy veranlassen, wundervolle Ehemänner zu werden.

Leon Filey danke ich, weil ihm das Buch so gut gefiel, daß er mich mit den Leuten zusammenbrachte, die für die Veröffentlichung sorgten.

Helen Babiak, deine Ermunterung war großartig.

Ich danke auch meiner Agentin Margret McBride und ihrer Assistentin Winifred Golden, die niemals die Hoffnung aufgaben, ebenso meinem Agenten Tony Seidl, der über einen unverwechselbaren originellen Stil verfügt.

Außerdem gilt mein Dank Sherry Tunkle, die dieses Original heiratete und mich Tag für Tag ansporte, und meinem Verlag St. Martin's Press, der mich zum Start animierte.

Meinen Lektoren Mike Sagalyn und Ed Stackler bin ich ebenfalls zu Dank verpflichtet. Mike besaß den Mut, sich für eine bisher unerprobte

Autorin einzusetzen. Und Ed unterstützte mich bei der Arbeit. Glücklicherweise fand ich einen Lektor, der überaus freundlich zu mir und meinem Werk war.

Am wichtigsten erscheint es mir, all meinen Verwandten und Freunden zu danken, die mein Gerede über dieses Buch so lange ertragen mußten.

Vorwort

Erinnern Sie sich an die kleinen Jungs in der ersten Schulklasse, die mit Baseballkarten handelten, einander anspuckten, die Röcke der Mädchen hochhoben und Blutegel zum Unterricht mitbrachten, um die anderen Kinder zu erschrecken? Einer dieser kleinen Jungen ist vielleicht – nur geringfügig verändert – der Mann, den Sie geheiratet haben. Er ist jetzt größer, eher attraktiv als süß, handelt mit anderen Dingen statt mit Baseballkarten und hebt Ihren Rock nicht nur hoch, um Ihre Unterwäsche zu sehen.

Wenn Sie mit einem dieser Jungs verheiratet sind, denken Sie doch mal an die Hochzeit zurück, an den Augenblick, wo Sie sagten: »In guten wie in schlechten Tagen.« Ich wette, mittlerweile wissen Sie genau, wovon damals die Rede war. Und Sie dürfen keineswegs behaupten, Sie seien nicht gewarnt worden.

Wenn Sie dieses Buch lesen, bedenken Sie auch, daß Ehemänner warmherzig, fürsorglich, sanftmütig und liebevoll sein können, teilnahmsvoll, interessiert und engagiert. Aber so wunderbar sie auch sein mögen – perfekt sind sie nicht. Dies ist ein Buch über Ehemänner und ihre Unvollkommenheiten, über die Schwierigkeiten, in die sie oft geraten.

Nach der Hochzeit lernt eine Ehefrau sehr viel über den Mann, den sie geheiratet hat. Es spielt keine Rolle, wie lange sie verliebt war, wie lange sie mit ihm zusammenlebte. Vielleicht war er damals vollkommen. Aber jetzt ist er ein Ehemann und deshalb »unvollkommen«.

Die Unvollkommenheiten der Ehemänner sind wie Falten – sie tauchen allmählich über einen langen Zeitraum hinweg auf, bis sie unabänderlich sind.

Und während Sie diese Seiten umblättern, vergessen Sie bitte nicht, daß das Buch vom typischen Ehemann handelt. Die hier beschriebenen Ehemänner gehören uns allen. Es sind dieselben, über die wir Ehefrauen so oft miteinander sprechen, die wir lieben, an die wir uns im Lauf der Jahre gewöhnen und mit denen wir trotz allem glücklich verheiratet bleiben.

Grundlegende Betrachtungen

Ehe ich beginne, müssen ein paar Punkte geklärt werden . . .

Zunächst soll erwähnt werden, daß der »Ehemann« in Websters Wörterbuch folgendermaßen definiert wird: »1. Verheirateter Mann. 2. Familienoberhaupt. 3. Kluger, sparsamer Haushaltsvorstand.«

Interessant! Natürlich findet sich bei Webster auch die Definition der »Ehefrau«, die ich hiermit für die Nachwelt zitiere: »1. Verheiratete Frau. 2. Frau.«

Es ist kaum vorstellbar, wie Mr. Webster eine verheiratete Frau nennen würde, die den ganzen Haushalt inklusive der Finanzen verwaltet, ganz zu schweigen von den Frauen, die auch außerhalb ihres Heims arbeiten.

Das Regelbuch des Ehemanns

Ehemänner besitzen geheime Regelbücher, nach denen sich ihr Eheleben richtet. Keine Frau oder Ehefrau hat so ein Buch je gesehen, und das darf sie auch gar nicht. Es wird jedem Mann in den letzten Minuten vor der Hochzeit überreicht. Oder auf Junggesellenpartys. Vielleicht ist das der Grund, warum Frauen nicht dazu eingeladen werden. Die Regeln in diesem Buch helfen den Männern, sich zu Ehemännern zu entwickeln.

Ehemänner treten in allen Größen und Formen auf; es gibt dicke und dünne, Ehemänner, die gut aussehen, und unattraktive. Sie haben alle Haarfarben – Braun, Schwarz, Blond, Rot und Grau. Ehemänner können reich oder arm sein. Aber die meisten liegen irgendwo dazwischen. Alle Ehemänner haben drei Dinge gemeinsam:

1. Sie sind verheiratet.
2. Sie leben nach ihrem geheimen Regelbuch.
3. Sie haben häßliche Füße.

Natürlich müssen Sie verstehen, daß ich mich sehr unsicher fühle, wenn ich über dieses Regelbuch schreibe. Ich glaube, es enthält die folgenden Regeln:

1. Behaupte in zweifelhaften oder schwierigen Situationen, dein Gedächtnis verloren zu haben.
2. Alle vor der Hochzeit gegebenen Versprechen gelten nicht mehr.
3. Das unhöfliche, ungehobelte oder lüsterne Verhalten, das am Anfang der Beziehung unterdrückt worden ist, wird nach der Hochzeit akzeptabel.
4. Kochkünste dürfen nicht entwickelt werden.
5. Du mußt deinen Geduldspegel um fünfzig Prozent senken.

6. Du darfst niemals weinen.
7. Jammern ist akzeptabel.
8. Tu niemals so, als wüßtest du, wo sich diese oder jene Gegenstände in deinem Haushalt befinden. Frag immer deine Frau danach. Es ist ihre Pflicht, sich darum zu kümmern.
9. Verbringe möglichst viel Zeit mit deinem Auto.
10. Lerne Sportsendungen im Fernsehen schätzen.
11. Senke die Leistungsfähigkeit deines Gehörs um mindestens achtzig Prozent.
12. Setz dich nie in den Fond des Familienautos.
13. Nimm dir ein Beispiel an deinem Vater.
14. Wenn du Vater wirst, darfst du nur unter zwei Umständen Geduld mit deinen Kindern haben – wenn du als Babysitter fungierst und deine Frau dich nicht sehen kann oder in der Öffentlichkeit.
15. Sei cool und hartgesotten, behalte stets alles unter Kontrolle.
16. Weigere dich, sinnlos Geld auszugeben, es sei denn, du profitierst davon.

Dies sind nur einzelne Beispiele für die Regeln, die nach meiner Ansicht in diesem geheiligten Buch stehen könnten.

Dinge, die ein Ehemann nicht tun kann

Außer diesen Regeln, an die sich ein verheirateter Mann eisern hält, befindet sich in diesem Buch auch noch eine Liste von diversen Dingen, die er nicht tut. Es handelt sich um Aufgaben, die er nicht zu erfüllen vermag, ganz egal, wie sehr sich die Ehefrau bemüht, ihm etwas beizubringen. Er kann es nicht, er versteht es nicht, oder – was am schlimmsten ist – er erinnert sich nicht daran. Ich habe eine Liste von Dingen aufgestellt, die kein Ehemann beherrscht.

1. Das Bett machen, ohne daß es so aussieht, als wäre er darauf gesprungen und hätte eine Kissenschlacht mit sich selber ausgefochten.
2. Seine Sachen vom Boden aufheben.
3. Eine neue Rolle Toilettenpapier anbringen.
4. Nach der Benutzung der Toilette den Deckel schließen.
5. Der Versuchung widerstehen, Sie in den Hintern zu kneifen.
6. Seinen eigenen Koffer packen.
7. Ferien planen.
8. Den Abfalleimer vom Ende der Zufahrt ins Haus tragen.
9. Seine Hemden aus der Wäscherei holen.
10. Die Geschirrspülmaschine ausräumen.
11. Videos in den Laden zurückbringen.
12. Aufhören, andere Frauen anzustarren.
13. Geschenke einpacken.
14. Im Haus saubermachen.

15. Spielsachen vom Boden aufheben.
16. Den Weg zum Supermarkt finden, ohne sich zu verirren.
17. Irgendwas in der Küche außerhalb des Kühlschranks zu finden.
18. Spritzpistolen, Spielzeugautos mit Fernbedienung und Videospielen widerstehen.
19. Sich das Jammern abgewöhnen.
20. An einem eingeschalteten Fernseher vorbeigehen, ohne den restlichen Tag davor zu verbringen.
21. Eine Windel wechseln, wenn Sie, die Mutter, sich innerhalb eines Umkreises von fünf Kilometern befindet. Falls Sie daheim sind, teilt er Ihnen vielleicht mit, die Windel des Babys sei schmutzig. Wenn nicht, wartet er bis zu Ihrer Rückkehr und gibt vor, den Gestank nicht zu riechen.
22. Am wichtigsten – Ehemänner *können* ihre Frauen nicht verstehen!

Oh, beinahe hätte ich's vergessen! Kein Ehemann darf bei der Lektüre meines Buches lächeln. Das könnte seiner Frau gewisse Hinweise geben. Er will ihr nicht verraten, wie vertraut ihm das alles ist . . .

Spielsachen eines Ehemanns

Weiter unten werden die Gegenstände aufgezählt, mit denen Ehemänner gern spielen. Seien Sie nicht überrascht, wenn Ihr Mann mit einer dieser Sachen oder mit allen heimkommt. Er wird Ihnen sagen, alle seine Freunde hätten so was. Die Frauen echter Technik-Freaks seien gewarnt – als neue Attraktionen dürften dieser Liste bald Laptops oder Taschencomputer angefügt werden.

Diese Liste soll Sie nicht nur auf dem laufenden halten, was das Spielzeug der Ehemänner von heute betrifft, sondern vielleicht auch als Anregung für Weihnachts- oder Geburtstagsgeschenke dienen, falls Ihrem Mann einzelne grundlegende Teile dieser Standardausrüstung fehlen.

1. Fernbedienung. Falls er Sie daran anschließen könnte – glauben Sie, er würde es tun?
2. Walkie-talkie. Das braucht ein Ehemann, damit sein Arbeitgeber ihn jederzeit erreichen kann. Können Sie es auch?
3. Autotelefon. Ein Ehemann daref keine Minute am Tag verschwenden. Aber wie viele Minuten hat das Fußballspiel in dieser Woche gedauert?
4. Tragbarer Fernseher. Den braucht ein Ehemann, um jederzeit Sportsendungen zu sehen. Schaut er Sie genauso interessiert an?
5. Garagenöffner. Ehemänner lieben es, das Tor rauf und runter zu bewegen . . .

6. Radarwarnanlage. Ehemänner fahren gern schnell, schneller, am schnellsten, wollen sich aber nicht erwischen lassen.
7. Auto mit Schiebedach. Jeder Ehemann will eins haben. Wenigstens wird er gut durchgelüftet.
8. Kleingeld in der Tasche. Wenigstens kann er was in der allgemeinen Nachbarschaft von ... anfassen. Es gibt gewisse Dinge, mit denen Ehemänner in der Öffentlichkeit nicht spielen dürfen.
9. Walkman. Ehemänner schließen die Außenwelt gern aus. Beim Sporttraining brauchen sie den Walkman, um im Rhythmus zu bleiben. Können Sie auch alles ausschließen? Brauchen Sie Musik beim Fitneßtraining?
10. Telefon. Ehemänner benutzen es häufig und behaupten, ihre Frauen würden es häufig benutzen. Lassen Sie sich das nicht einreden! Lassen Sie sich nicht einschüchtern! Immerhin telefonieren Sie zehnmal in der Zeit, die er für ein einziges Gespräch braucht.

Beurteilung von Ehemännern

Ich habe die Ehemänner in Kategorien eingeteilt, die unter anderem auf chronologischen Faktoren basieren. Wie ich festgestellt habe, kann man einen Ehemann nicht immer nach seiner äußeren Erscheinung einschätzen. Es gelingt einem besser, wenn man sein Geburtsjahr kennt, das sehr aufschlußreich ist.

Benutzen Sie die folgende Liste als Leitfaden, wenn Sie Ihre eheliche Beziehung ändern möchten. Sie wird Ihnen helfen, Ihren Mann ein bißchen besser zu verstehen und zu erkennen, warum er so ist. Vergessen Sie dabei nicht, verschiedene mildernde Umstände zu berücksichtigen, zum Beispiel die Anzahl seiner früheren Ehen.

1930 bis 1939 oder davor – hoffnungslos. Zu spät, es sei denn, er ist so müde, daß ihn nichts mehr interessiert.

1940 bis 1949 – sehr entmutigend, viel Arbeit. Viele dieser Ehemänner tun einiges, um Konflikte zu vermeiden.

1950 bis 1959 – Erfolg unwahrscheinlich. Donna Reed und Margaret aus »Father Knows Best« waren die Traumfrauen aller Ehemänner.

1960 bis 1969 – vielleicht. Mit unnachgiebiger Strenge können Sie einen während dieser Jahre geborenen Ehemann bessern. Bedenken Sie jedoch, daß damals viele alte Filme wiederaufgeführt wurden.

1970 bis 1979 – ein Grund zum Optimismus. Diese Männer beginnen die Frauen zu verstehen. Es mag ihnen widerstreben, in der Öffentlichkeit liberal zu wirken, aber hinter verschlossenen Türen werden Sie möglicherweise ein Wunder erleben.

1980 bis zur Gegenwart – unsere Chance! Ich

bitte die Ehefrauen, die Mütter sind – bemühen Sie sich jetzt um diese kleinen Jungs. Helfen Sie ihnen – vor allem Ihren kleinen Töchtern zuliebe.

Die Traumfrau

Der folgenden Liste ist zu entnehmen, welchen Frauentyp sich ein Ehemann wünscht. Nichts könnte ihn glücklicher machen, als mit einer Frau verheiratet zu sein, die diese in jedem geheimen Regelbuch eines Ehemanns verzeichneten Forderungen erfüllt.

1. Soll klug sein – aber nicht klüger als er.
2. Soll überall und jederzeit um Sex flehen, Sex verlangen, auf Sex bestehen.
3. Bekommt nie Kopfweh.
4. Beklagt sich nie über irgendwas, das ihn betrifft.
5. Serviert niemals TV-Speisen (wenn Ihr Mann beim Anblick von Alufolie sabbert, sind Sie *keine* perfekte Ehefrau).
6. Ist Kindermädchen, Lehrerin, Fahrerin, Wäscherin, Köchin, Organisatorin, Finanzexpertin, Diätberaterin, Sekretärin, Karrierefrau, Gesellschaftslöwin, alles in einem – und hat trotzdem Zeit für ihn.
7. Trägt Suchgerät am Körper, um immer und überall die Sachen zu finden, die der Ehemann verlegt oder verloren hat.

8. Gibt nur wenig Geld aus.
9. Betrachtet den Ehemann als Lebensinhalt.
10. Weiß zu würdigen, daß der Ehemann nur geringfügige Forderungen stellt.

Kategorien von Ehemännern

Preppie
Sportfreak
Cooler Typ
Workaholic
Konservativer Typ
Yuppie
Handwerker
Träumer
Über sechzig

Charakteristik der verschiedenen Kategorien von Ehemännern

Dieses Kapitel soll Ihnen erklären, womit Sie rechnen müssen, und Ihnen bei der Entscheidung helfen, wonach Sie suchen wollen.

Preppie

Der Preppie-Ehemann wird stets versuchen, Sie mit seiner Garderobe zu übertrumpfen. Seine Frisur ist ordentlich, kein widerspenstiges Härchen stört den Gesamteindruck. Er ist hübsch, fast zu hübsch. Und er ist klug. Das wird er Ihnen ständig sagen. Der Preppie-Ehemann schmückt seine Frau mit Geschenken, auf denen sein College-Emblem prangt. Er arbeitet hart, um ein »Prep« zu werden, und viele in dieser Kategorie arbeiten noch härter, um sich zu einem Yuppie zu entwickeln.

Ein Tip: Machen Sie sich keine allzu großen Sorgen, wenn Ihr Ehemann ein Preppie ist, denn dieser Typ läßt sich im allgemeinen leicht kontrollieren. Packen Sie einfach den Pullover, den er um den Hals trägt, und ziehen Sie die Ärmel zusammen.

Sportfreak

Dieser Ehemann hat den Großteil seiner Jugend mit sportlichen Aktivitäten verbracht. Er besitzt das beste Gedächtnis aller Ehemänner. Lebhaft erinnert er sich an sämtliche großen athletischen Ereignisse seines Lebens – und er wird Ihnen immer wieder davon erzählen.

Er ist groß und muskulös, zumindest am Anfang. Aber passen Sie auf. Es ist erstaunlich, einen solchen Ehemann über die Jahre hinweg zu beobachten. Er schrumpft zusehends und geht in die Breite.

Der coole Typ

Ein unkomplizierter Ehemann – er scheint nicht allzuviel vom Leben, Ihnen oder sich selbst zu verlangen und braucht kaum mehr als seine schwarze Lederjacke und seinen Kamm.

Es freut ihn, cool zu sein, aber am glücklichsten ist er beim Billardspielen. Trotz seiner Pluspunkte sollten Sie sich vor ihm in acht nehmen – den absoluten Höhepunkt seiner Erregung erzielt er, wenn er seine Harley Davidson auf Hochtouren bringt und eine sechsspurige Straße entlangbraust.

Workaholic

Diese Kategorie von Ehemännern ist am weitesten verbreitet. Viele gehören dazu, unabhängig vom Lebensstil oder Beruf. Der Workaholic kann Anwalt, Arzt, Mechaniker, Juwelier oder Schuster sein. In dieser Kategorie gibt es keine Klassenunterschiede. Workaholics sind leicht zu erkennen. Man muß sich nur ihre Frauen und Kinder ansehen. Der Workaholic wird so stark von seinem Job beansprucht, daß er alles andere vergißt oder fast alles. Er macht oft Überstunden, arbeitet an den meisten Wochenenden, reist viel und schuftet auch zu Hause.

Überall trifft man diese Typen – immer fehlt ihnen was. Dem Anwalt und seiner Familie fehlt ein Testament, dem Mechaniker ein funktionsfähiges Auto, dem Juwelier die Juwelen, dem Schuster die Schuhe.

Der konservative Typ

Diesen Ehemann zu kategorisieren macht den größten Spaß. In der Schule sind es stets die Konservativen, über die sich die populären Kinder am liebsten lustig machen. Wenn ein Konservativer erwachsen und reifer wird, ist es akzeptabel, mit ihm zu reden, auszugehen oder ihn sogar zu heiraten.

Oft ist er ein Erzreaktionär, ein Bücherwurm und das gerade Gegenteil des Sportfreaks. Er hat so viel gelesen, daß er zum Zeitpunkt der Hochzeit imstande ist, jahrelang mit dem gesamten in seinem Kopf angesammelten Material zu experimentieren. Manchmal ist es schwierig, vorauszusehen, was ein konservativer Ehemann als nächstes tun wird.

Häufig läßt man ihm alles durchgehen, weil man nicht viel von ihm erwartet. Sollte er einen Fehler begehen, glaubt man ihm sofort, wenn er sagt: »Das habe ich zum erstenmal getan.« Passen Sie auf – allein durch seinen Konservatismus kann er sich eine ganze Menge ungestraft erlauben.

Yuppie

Der Yuppie-Ehemann hat's geschafft – und damit prahlt er. Immerhin hat er sich lange abgerackert, um ein Yuppie zu werden. Jetzt ist er älter und hat die Preppie-Phase überwunden. Er fährt einen Mercedes, lebt in einem Vorort und kauft von allem nur das Beste. Über alle Dinge weiß er ein bißchen was. Es gibt keine Themen, über die er nicht sprechen kann. Sogar sich selbst redet er ein, auf allen Gebieten Experte zu sein.

Ein Yuppie-Ehemann wird Sie stets beschäftigen. Er geht mit Ihnen essen, ins Theater, in Kunstgalerien. Wo immer irgend etwas Kulturelles geschieht, sind Yuppie-Ehemänner zu finden.

Bei Bankangestellten ist dieser Ehemann sehr beliebt. Er hat eine Methode entwickelt, die ihm gestattet, alles zu kaufen, was er haben will. Er benutzt seine Visa Card sogar, um interessante Aktien zu erwerben. Wenn die Rechnung kommt, lächelt er und benutzt die MasterCard, um die Visa zu bezahlen, und die Visa, um die MasterCard zu bezahlen, und beide, um die American Express zu zahlen. Keine Angst, wenn alle Stricke reißen, besorgt er sich einfach eine neue Kreditkarte.

Handwerker

Diese Ehemänner glauben, sie könnten alles reparieren, was repariert werden muß. Der Handwerker-Ehemann schafft es, alles auseinanderzunehmen, vermag aber nur selten, es wieder zusammenzusetzen oder etwas Kaputtes in Ordnung zu bringen.

Handwerker-Ehemänner lieben es, mit ihren Fähigkeiten anzugeben, und hin und wieder gelingt es ihnen sogar, genau das zu tun, wovon sie behaupten, sie könnten es. Und weil ein solcher Ehemann vor vielen Jahren ein einziges Mal was repariert hat, ist er tatsächlich ein Handwerker. So ein Glück hat er meistens nur einmal.

Seien Sie vorsichtig, er ist sehr temperamentvoll, und wenn er etwas nicht reparieren kann, bekommt er einen Wutanfall. Die Schuld an seinem Mißerfolg gibt er dem Hersteller des jeweiligen Gegenstandes.

Bedenken Sie, wieviel Geld Sie ohne einen Handwerker-Ehemann sparen würden.

Der Träumer

Diese Ehemänner wollen alles sein, was sie nicht sind – meistens Yuppie, aber das kriegen sie nicht ganz hin.

Der Träumer ist niemals wunschlos glücklich,

weil er immer etwas anderes, Besseres, Neues tun will.

Es ist schwierig, mit solchen Ehemännern umzugehen, weil sie immer mit jemand anderem zusammensein wollen.

Über sechzig

Von einem über sechzigjährigen Ehemann, der immer noch mit seiner ersten Frau verheiratet ist, kann man alles erwarten, ganz besonders Heiterkeit.

Diese Ehemänner sind glücklich – vielleicht, weil jemand in *all den Jahren* bei ihnen geblieben ist. Oder sie sind einfach nur müde. Jedenfalls, wenn Sie's so lange geschafft haben, müssen Sie glücklich sein, denn es scheint, daß Sie mit einem Mann zusammen sind, der es liebt, seine Frau zu lieben.

Wie Ehemänner mit Unannehmlichkeiten und Krankheiten fertig werden

Krankheiten und Unannehmlichkeiten geben Ehemännern die seltenen Gelegenheiten, alle ihre schlimmsten Eigenschaften an einem einzigen Tag zu demonstrieren.

Zum Beispiel . . .

Unannehmlichkeiten

Anna erinnerte sich an den Abend, wo alles ruhig war. Sie trank mit ihrem Mann Bob Wein im Schlafzimmer. Dabei hörten sie gute Musik, und der Sex war phantastisch. Ihre Ehe mit diesem wunderbaren Mann hätte gar nicht besser sein können. Er war stark, nett, sehr männlich, sehr erwachsen. In seinen Armen schlief sie ein. In seiner Nähe fühlte sie sich so sicher. Vor allen Problemen des Lebens würde er sie beschützen. Bald schlief auch er tief und fest.

Abrupt bewegte sich Bob, wälzte sich umher, stöhnte und schrie beinahe. Splitternackt und frierend sprang Anna auf. »Bist du okay? Was ist denn los, Liebling?« rief sie flehend.

»Mein Bauch!« brüllte Bob und krümmte sich vor Schmerzen. »Eine Blinddarmentzündung!« heulte er. »Ja, das muß es sein ... Es tut so weh ... Hol mal das medizinische Lexikon und schau unter ›Blinddarm‹ nach.«

Inzwischen standen die Kinder im Flur und fragten weinend: »Stimmt was nicht mit Daddy? Ist er okay?«

Anna schlüpfte in ihren Morgenmantel und eilte hinaus, um die Kinder zu beruhigen. »Daddy ist okay.«

Sie glaubten ihr nicht und rannten ins Schlafzimmer. »Warum ist Daddy nackt? Warum stöhnt er und wälzt sich herum?«

Anna tröstete die Kinder. Sie kehrten in ihre Betten zurück, und der drei Stunden zuvor noch so hinreißende Liebhaber jammerte: »Das Buch ... Schau unter ›Blinddarm‹ nach ... Ruf den Arzt an!«

Sie schlug das Buch auf und fragte, ob er die Schmerzen in der rechten Seite hätte.

»Ja«, jaulte Bob.

»Hilf mir! Ich glaube, ich sterbe.«

Jetzt war Anna ernsthaft besorgt. Schweiß glänzte auf seinem Gesicht. Sie ging zum Telefon und begann die Nummer des Arztes zu wählen, als sie einen Lärm hörte – so laut, daß die Fenster klirrten und das Haus einzustürzen drohte.

»Aaaaah«, seufzte Bob, »das hat gutgetan.«

Sofort lüftete sie das Zimmer und wartete, bis der Gestank verflog. Dann kroch sie hastig ins

Bett und zog sich die Decke bis ans Kinn, voller Angst vor einem neuen Tornado.

Eine ganz gewöhnliche Erkältung

Unsere großen, muskulösen Supermänner sind alle so stark und widerstandsfähig und scheinbar unbesiegbar, bis sie das Opfer einer Erkältung werden ...

Wissen Sie, was ich meine?

Meine Freundin Karen weiß es.

Als sie letzte Woche krank war, ging sie ins Büro, kümmerte sich um die Wäsche, holte die Kinder von der Schule ab, kochte pro Tag mindestens zwei Mahlzeiten und versuchte eine gutgelaunte Ehefrau zu sein. Auch ihr Mann ging während dieser Woche ins Büro, hatte zweimal noch am späten Abend Besprechungen, mußte täglich früh aufstehen. Und wenn Larry abends nach Hause kam, schlief er vor dem Fernseher ein.

Klingt das vertraut?

Aber sie hatte achtunddreißig Grad Fieber – nicht so schlimm. Ihr Mann erinnert sich – sie war nur ein bißchen erkältet. Jetzt ist er dran, aber er nennt es Lungenentzündung. Er geht nicht zur Arbeit, ist kein Vater mehr, lebt kaum noch.

Massiv zeichnet sich sein großer Körper unter der Bettdecke ab.

Reglos liegt er da, nur ein paar Haare lugen unter der Decke hervor. Kein Lebenszeichen ist zu sehen.

Karen tritt näher, um sich zu vergewissern, daß Larry okay ist, daß er noch atmet. Er hört ihre Schritte, und plötzlich stöhnt er. Sie zuckt zusammen, eilt zu ihm, berührt seine Stirn. Kein Fieber, kein Husten, nur eine leicht verstopfte Nase und ungeheure Reizbarkeit.

Das nächste Mal fragt sie, ob sie ihm etwas bringen soll.

Die Antwort ist immer dieselbe. »Sorg bitte dafür, daß die Kinder still sind, gib mir die Fernbedienung, und ich will Ginger Ale haben.«

Karen hält kurz inne und denkt nach. »Liebling, ich muß mich jetzt beeilen, sonst komme ich zu spät zur Arbeit.«

Er schaut sie an, die Augen kaum sichtbar unter den schweren Lidern. »Ich möchte Ginger Ale und Toast.« Sie rennt nach unten, ruft im Büro an und bittet, man möge ihre beiden ersten Besprechungen an diesem Tag verschieben, dann will sie das Ginger Ale holen. Aber es ist keins mehr da. Sie läuft zu ihrem Mann zurück und fragt, ob's ein Fruchtsaft sein darf.

»Okay«, erwidert er, aber sein Blick sagt: ›Als ich ein Kind war, gab's immer Ginger Ale für Notfälle.‹

Sie ärgert sich, empfindet aber auch Schuldgefühle. Der Blick verfolgt sie. Als sie in die Küche eilt, um den Saft zu holen, denkt sie: Es dauert nur fünf Minuten, in den Supermarkt zu gehen. Also geht sie.

Wieder zu Hause, hört sie Larry rufen: »Liebling!«

»Ja, LIEBLING, was ist?«, antwortet Karen.

»Ich muß was trinken«, ächzt er.

Sie bringt ihm das Ginger Ale, natürlich mit Toast. Da ist er glücklich, fragt, wo die Morgenzeitung ist, und rückt sein Kissen zurecht.

Er hat keineswegs die Absicht, sich zu beschweren, es wirkt ganz natürlich. Die Killerfrage lautet: »Liebling, kommst du nicht zu spät ins Büro?« Lächelnd fügt er hinzu: »Das solltest du dir nicht angewöhnen.«

Karen ginst, verläßt das Haus, steigt ins Auto und schreit. Welch eine Erleichterung, dem Krankenzimmer entronnen zu sein! Während der Fahrt überlegt sie, wie oft er sie im Büro anrufen wird.

Im Büro wühlt sie sich durch die Papiere auf ihrem Schreibtisch. Sie nimmt an einigen Besprechungen teil, und plötzlich wird ihr bewußt, daß Larry nicht angerufen hat, kein einziges Mal.

Sie greift zum Telefon und ruft zu Hause an. Es läutet und läutet. Überzeugt, die falsche Nummer gewählt zu haben, legt sie auf und versucht es noch einmal.

Das Telefon läutet und läutet, zwanzig- oder dreißigmal.

O Gott, denkt sie und malt sich aus, Larry

würde halbtot im Bett liegen, unfähig, den Hörer abzunehmen.

Als ihr Herz zu rasen beginnt, vernimmt sie eine atemlose Stimme. »Hallo?« Dann schreit er noch einmal: »Hallo!«

»Larry, bist du okay?« fragt sie rasch.

»Oh – hi, Schätzchen, klar bin ich okay.« Er hustet in die Sprechmuschel, so laut, daß es nicht nur Karen hört, sondern vermutlich die ganze Nachbarschaft. »Aber ich bin immer noch krank.«

»Das Telefon hat ewig lange geklingelt. Alles in Ordnung? Soll ich nach Hause kommen?« fragt Karen ihren Mann.

»Nein, nicht nötig, Liebling. Ich will nur weitermachen und dann gleich wieder ins Bett.«

»Was machst du denn?«

»Oh, ich bin gerade vom Jogging zurückgekommen und möchte duschen. Ich muß schleunigst wieder ins Bett, denn ich fühle mich wirklich elend.«

Schmerzen

Haben Sie sich jemals gefragt, was mit dem unbesiegbaren Mann geschehen ist, den Sie geheiratet haben? Als die Liebe begann, schien ihm überhaupt nichts weh zu tun – weder als Sie ihm die Finger einklemmten, noch der Koffer, den Sie auf seinen nackten Fuß fallen ließen, oder der

Finger, den Sie in sein Auge bohrten, oder das Tennisracket, das Sie gegen seinen Ellbogen schlugen. Ihre Entschuldigungen wurden stets hastig unterbrochen: »Schon gut.« Darauf folgten Beschreibungen viel schlimmerer Verletzungen auf dem Sportplatz während glorreicher Schulzeiten. Nach der Hochzeit muß irgendwas mit seiner mannhaften Widerstandskraft passiert sein ...

Das Duell

Es war ein stiller Samstagnachmittag, bis Jill ihren Mann schreien hörte und nach ihm sah.

»Verdammt!« brüllte Mack, dann stammelte er: »Tom (der zweijährige Sohn) ... er ... er hat mich getreten. Und das tut weh.«

Jill lachte. »Tom hat dir weh getan?« fragte sie unschuldig.

»Ja!« heulte er. »Er hat mich gegen das Bein getreten.«

Mit jener »speziellen« zornigen Miene, die Ehemänner manchmal aufsetzen, zog er das Hosenbein hoch, um Jill die Stelle zu zeigen, die der zweijährige Sohn mißhandelt hatte.

Einem Gerücht zufolge hatte sich der zweijährige Angeklagte geweigert, Daddy seine Spritzpistole zu leihen. Um sich an dem selbstsüchtigen Jungen zu rächen, erwog Daddy, ihn ins Laufställchen zu verbannen. Erbost über die Zumutung, sein brandneues Spielzeug hergeben zu müssen, trat Tom seinen Vater mit seinem kleinen Fuß und dem neuen blauen Turnschuh gegen das Schienbein. Das war nicht nett von ihm, wie ich zugeben muß. Doch ich bezweifle, daß er genug Kraft besaß, um den schmerzhaften Tritt zustande zu bringen, der ihm vorgeworfen wurde.

Lachend ließ Jill die beiden Jungs allein, die um die neue Spritzpistole kämpften. Halb ängstlich, halb neugierig wartete sie ab, wer als Sieger aus diesem Duell hervorgehen würde.

Eine andere Art von Schmerz

Es war einmal ein Ehemann, nicht Ihrer ist gemeint, sondern ein anderer. Dieser Mann beschwerte sich immer bei seiner Frau, weil sie soviel Geld im Supermarkt ausgab.

Ist es denn nicht die Pflicht eines Ehemannes, sich auszumalen, wie seine Frau im Laden umherwandert und nach überflüssigen Dingen sucht, um sein Geld zu verschwenden?

Die Frau dieses Mannes hatte es satt, seine Kommentare und Fragen anzuhören, wann immer sie mit der vollen Einkaufstasche nach Hause kam. Und so bat Ginny Walker ihren Ehemann Sam, sie in den Laden zu begleiten.

Sie glaubte, es würde ihm guttun, sich mit eigenen Augen vom Preisanstieg während der letzten Jahre zu überzeugen. Soviel sie sich erinnerte, hatte Sam das letzte Mal vor drei Jahren seinen Fuß in einen Supermarkt gesetzt.

Nach dem geheimen Regelbuch eines Ehemanns darf er nicht in Supermärkte gehen, höchstens unter ganz besonderen Umständen.

Ginny und Sam Walker schienen ihren Spaß zu haben, als sie in den Laden schlenderten. Alles klappte, er benahm sich anständig, die fremdartige Umgebung amüsierte ihn beinahe, und er freute sich über das helle Licht und die mittlerweile viel breiteren Gänge zwischen den Regalen. Er klagte nur, weil es ihm schwerfiel, sich an die neuen Preisschilder zu gewöhnen.

Wie Sie wissen, haben Ehemänner immer Probleme mit Veränderungen, so unbedeutend diese auch sein mögen.

Dieser Ehemann bemühte sich wirklich, nett zu sein. Er schob den Einkaufswagen zu einem Regal, um sich über einen Preis zu informieren. Beinahe fiel er um, als er sah, was seine Lieblingslimonade jetzt kostete – über vier Dollar pro Sechserpackung. »Das glaube ich einfach nicht«, sagte er zu Ginny.

Sie antwortete nicht. Das war auch gar nicht nötig. Ihre Mission war beendet, das wußte sie. Und so gingen sie weiter. Sam schob den Einkaufswagen, sichtlich bemüht, sich hilfsbereit zu zeigen.

Unerwarteterweise wurde er von einer »rücksichtslosen Einkaufswagenschieberin« angestoßen und glaubte, seine Ferse würde abbrechen.

»Oh, zum Teufel!« schrie er, allerdings nicht allzu laut. »Hast du gesehen, was diese Person mir angetan hat?« fragte er seine Frau stöhnend. »Was für eine blöde Gans!«

In rasender Eile schob er den Wagen weiter, offenbar bestrebt, den Ort möglichst schnell zu verlassen, wo ihm so übel mitgespielt worden war. Er sah echt wütend aus.

»Verschwinden wir von hier! Bist du immer noch nicht fertig? Mein Fuß bringt mich um!« jammerte er.

Da klopfte ihm jemand auf die Schulter – die verrückte Einkaufswagenschieberin, eine attraktive, etwa fünfundzwanzigjährige Blondine. »Es tut mir so leid, ich habe nicht aufgepaßt«, erklärte sie dem leidenden Sam. »Wie ungeschickt von mir!«

Er schenkte ihr ein strahlendes Lächeln. »Schon gut. Ich hab's kaum bemerkt.«

Die Sterilisation

Viele Ehemänner verstehen die Schmerzen, die mit einer Geburt verbunden sind, noch am ehesten, wenn sie beschließen, sich sterilisieren zu lassen. Normalerweise dauert es jahrelang, bis eine Entscheidung hinsichtlich dieser Prozedur getroffen wird. Ehemännern mißfällt der Gedanke, ein Fremder würde an ihrer »Sportausrüstung« herumspielen.

Der Entschluß fällt ihnen schwer, aber letzten Endes gibt es keine Alternative. Der Arzt meint, Susan dürfe die Pille nicht mehr nehmen, trotz des Diaphragmas könne es zu einer »unerwarteten« Schwangerschaft kommen. George lehnte es ab, Kondome zu benutzen, und völlige Abstinenz erscheint beiden wenig erstrebenswert. Nach gründlicher Erörterung all dieser Möglichkeiten finden sie die Sterilisation des Ehemanns akzeptabel. Nachdem George monatelang Fachliteratur über die technischen Aspekte des Eingriffs gelesen, sorgfältig die besten Spezialisten aufgespürt hat, kommen ihm fünf Minuten vor zwölf doch noch Bedenken.

Können Sie sich vorstellen, daß derselbe Ehemann, der seine Frau in den schlimmsten Augenblicken der Geburt beobachtet hat, grausige Angst davor empfindet, seine Hosen runter- und seine Ausrüstung operieren zu lassen?

Es ist derselbe Ehemann, der die Videokamera in den Kreißsaal mitgenommen und den Film seinen Freunden gezeigt hat, ohne die Verlegenheit seiner Frau zu berücksichtigen.

Wohin ist dieser Ehemann jetzt entschwunden?

Warum ist George plötzlich so furchtsam, so pingelig?

Soll seine Frau die Videokamera in den OP mitnehmen, um die kostbaren Momente in Kodak-Erinnerung festzuhalten?

Nun, unglücklicherweise kann George nicht alles haben – spontanen, hemmungslosen Sex und keine Kinder mehr –, ohne ein paar geringfügige Schmerzen zu erleiden.

Nachdem alles geregelt ist, gehen sie zum Arzt.

Am »großen« Tag mißachten Ehemänner eine wichtige Regel und erlauben ihren Frauen, sich ans Steuer des Autos zu setzen. Ihre eigenen Handflächen sind zu verschwitzt, um das Lenkrad festzuhalten. Sie können nicht reden, weil ihnen kalte Angst die Kehle zuschnürt. Nicht einmal denken können sie.

In der Arztpraxis lockt Susan ihren Mann zu einem Sessel, fordert ihn auf, die zitternden Beine zu entlasten, Platz zu nehmen, sich zu entspannen.

Mit ausdruckslosem Blick steht George vor dem Sessel. Sie gibt ihm einen sanften Schubs, und er fällt hinein. Die Sprechstundenhilfe erscheint, um das Paar zu begrüßen, und erklärt: »Unser Terminplan hat sich etwas verschoben. Warum gehen Sie nicht spazieren und kommen später noch mal!«

George springt auf. »Wenn ich diese Praxis jetzt verlasse, sehen Sie mich wahrscheinlich nie wieder. Also erledigen wir's sofort, oder vergessen Sie's!«

Die kluge Sprechstundenhilfe führt ihn nach hinten, wo er sich bereit machen soll. Die Ehefrau darf nicht dabeisein.

Nach fünfundvierzig Minuten kehrt George zurück. Sein Gesicht hat alle Farbe verloren.

Er ist still – zu still.

»Gehen wir«, wispert er.

Im Auto weint er beinahe – nur beinahe. Er entsinnt sich, daß Weinen verboten ist, und verkündet nur, es tue weh. »Die haben mir zwei Betäubungsspritzen gegeben. Direkt da hinein. Mir ist schlecht . . . Ich glaube, ich muß mich übergeben. Meine Hose sitzt viel zu eng. Würdest du schneller fahren? Ich muß nach Hause und mich hinlegen.«

Armer George!

Natürlich ist diese Prozedur nicht angenehm, läßt sich aber nicht mit einer Entbindung vergleichen, obwohl George das Gegenteil annimmt. Susan kann Ihnen Ratschläge erteilen, sollten Sie jemals in eine solche Situation kommen. Nutzen Sie die Gunst der Stunde, ziehen Sie alle erdenklichen Vorteile daraus, denn sobald er sich erholt hat, wird er lüsterner denn je. Tragen Sie ein verführerisches Nachthemd, nicht das übliche T-Shirt. Kriechen Sie ins Bett, schmiegen Sie sich an ihn, und dann betteln Sie zwei Wochen lang jede Nacht um Sex.

Auf zum Drugstore

Falls Ihr Mann eine Sterilisation ablehnt, müssen Sie vielleicht Alternativen erwägen. Sollten Sie die Pille nicht vertragen und trotz anderer Verhütungsmittel schwanger geworden sein, gibt es nicht mehr allzu viele Möglichkeiten. Es sei denn, Sie sind Katholikin und entscheiden sich für Abstinenz, oder Sie messen die Temperatur. Eventuell versuchen Sie es mit Kondomen und überlassen es zur Abwechslung mal Ihrem Mann, für Empfängnisschutz zu sorgen. Ermutigen Sie ihn, in den Laden zu gehen und Kondome zu kaufen. Nicht Sie – er. Als brauchbarer Ansporn könnte die Erklärung dienen: »Keine Kondome, kein Sex.« Wahrscheinlich werden Sie feststellen, daß er die Kondome in den ersten Tagen vergißt und hofft, Sie werden Ihrer Begierde eher nachgeben als er und die Dinger beschaffen.

Das dürfen Sie unter keinen Umständen tun.

Um der Wahrheit ins Auge zu blicken – Ehemänner hassen, wie Kondome sich anfühlen, wie sie riechen, und sie hassen es, Kondome zu benutzen. Am allermeisten hassen sie es, Kondome zu kaufen. Die Angst, dabei gesehen zu werden, stellt für viele Ehemänner eine besondere Art von Schmerz dar.

Wenn sie auch so tun, als würde es ihnen nichts ausmachen – meine Informationsquellen weisen auf das Gegenteil hin. Ich glaube, die folgende Szene spielt sich sehr häufig ab.

Mr. Cool stolziert aus dem Haus, als könnte ihm nichts auf der Welt auch nur das geringste anhaben. Er ist sehr selbstsicher und wirkt ziemlich großspurig. Die entschlossenen Schritte bilden eine besondere Körpersprache zwischen Ehemännern, die alle verstehen, deren Bedeutung alle kennen. Sie drückt aus: Ich bin verheiratet, ich kann's treiben, wann ich will und wo ich will – im Auto, in der Badewanne, auf dem Boden, in einem Sessel, sogar im Bett. Ich kann's von hinten und von vorn machen – so, wie's mir gerade paßt.

Mr. Cool parkt seinen schnittigen Wagen vor einem Drugstore. Der Laden liegt mehrere Meilen von zu Hause entfernt.

Es ist sein Stammgeschäft, und er stolziert hinein.

Als er das Regal mit den Kondomen entdeckt, wandert er ein paarmal drum herum. Ständig bleibt er in Bewegung, als müßte er ganz dringend auf die Toilette. Nachdem er die Kondome sieben- oder achtmal umrundet hat, schnellt seine Hand vor. Irgendwie schafft er es, die richtige Schachtel zu packen, ohne beobachtet zu werden. Keine Sekunde lang hat er aufgehört, sich zu bewegen.

Mit der Schachtel sprintet er zur Kasse. Dahinter erblickt er ein etwa siebzehnjähriges Mädchen.

Mr. Cool verlangsamt seine Schritte, schleudert die Schachtel mit den Kondomen in ein Regal voller Süßigkeiten und verläßt den Laden mit leeren Händen. Bei einem so jungen Mädchen kann er unmöglich Kondome bezahlen. Dieses »kleine Mädchen« muß er beschützen. Daß er sich als Achtzehnjähriger mit allen verfügbaren siebzehnjährigen Mädchen vergnügt hat, vergißt er.

Jetzt ist er älter, und er hofft, nette Mädchen würden nicht wissen, daß sich verheiratete Männer mit Sex befassen.

Er fährt zum Drugstore Nummer zwei. Drinnen sieht er erst mal nach, wer hinter der Kasse sitzt. Wow, ein etwa sechzehnjähriger Junge. Das ist okay. Jungs verstehen so was. Es ist sogar gut, wenn sie damit konfrontiert werden. Das ist vielleicht der Grund, warum die einzigen Leute, die man Kondome kaufen sieht, sechzehnjährige Jungs sind.

Mr. Cool ergreift lässig eine Schachtel und schlendert zu dem Jungen. Der sagt ihm, er soll nach vorn gehen.

Hinter dem Ladentisch entdeckt Mr. Cool einen anderen Mann. Er beginnt zu stolzieren, den Kopf hoch erhoben, als wollte er ankündigen: Heute nacht wird einiges los sein.

Voller Stolz wirft er die Schachtel auf den Ladentisch, zusammen mit der Zeitschrift, die er genommen hat, um den Haupteinkauf zu kaschieren. Dann holt er seine Geldbörse hervor. Kein einziger Ehemann kauft Kondome mit Kreditkarten.

Mr. Cool legt einen Zwanziger hin. Zu seinem Entsetzen braucht der Mann, der die Schachtel mit den Kondomen auf die Zeitschrift gelegt hat, etwas Wechselgeld und entfernt sich. Die Kondome in der verräterischen Packung sind deutlich sichtbar. Stunden verstreichen, der Verkäufer kehrt nicht mit dem Wechselgeld zurück.

Wie erwartet, bildet sich eine Menschenschlange – zwei High-School-Mädchen, eine Frau mit ihrem Baby. Mr. Cool, jetzt besser bekannt als Mr. Frozen, ist so verlegen, daß er nicht einmal die Kondome vom Ladentisch nehmen und ins geheiligte Versteck seiner Hosentasche schieben kann. Er leidet Höllenqualen.

Endlich kommt der Verkäufer mit dem Wechselgeld zurück, hält die Kondomschachtel hoch und schreit: »Soll ich das in eine Tüte tun?« Die zwei High-School-Mädchen stoßen sich mit den Ellbogen an und kichern. Im selben Moment entdeckt Mr. Cool die Frau seines Nachbarn am Ende der Warteschlange. Lächelnd winkt sie ihm. Nie wieder wird er diesen Laden betreten!

Mr. Cool verläßt den Drugstore. Er stolziert nicht mehr, sein Gesicht ist ausdruckslos, er schwitzt schrecklich.

Auf der zwanzigminütigen Heimfahrt gelingt es ihm, seine Gedanken zu ordnen. Je näher sein Zuhause rückt, desto zuversichtlicher wird er. Als er die Tür öffnet, holt er tief Atem, strafft die Schultern und beginnt zu stolzieren.

Launen

Die haben alle Ehemänner!

Launische Anfälle

Irgendwo, irgendwann passiert das bei allen, aus diesen oder jenen Gründen. Ehemänner müssen die ungeduldigsten, reizbarsten Lebewesen sein, die auf dieser Welt existieren. Auch diesbezüglich scheint irgendwas in ihrem geheimen Regelbuch zu stehen.

Es spielt keine Rolle, wie nett Ihr Mann normalerweise ist. Ich meine die seltenen Episoden, die Sie nie vergessen werden. Es könnte der Schock sein, wenn Sie ihn eine Lampe zertrümmern sehen, die er nicht zu reparieren vermag, oder wenn er sein geliebtes Kind grundlos anbrüllt.

Manchmal glauben Sie vielleicht, Ehemänner würden gern beobachten, wie ihre Frauen auf solche Temperamentsausbrüche reagieren. Je deutlichere Reaktionen Sie zeigen, desto wilder wird das Temperament aufbrausen. Haben Sie schon bemerkt, daß Ehemänner solche Anfälle nur zu Hause kriegen?

Auch wenn sie einen noch so gräßlichen Tag

im Büro erleben – sie lächeln und scherzen mit den Kollegen.

Das finde ich gut. Ehemänner sollten alles mit ihren Frauen teilen. Das gilt auch für unangenehme Dinge.

Meinen Sie nicht auch, es würde einen Ehemann verlegen stimmen, wenn er sich in Gegenwart seiner Arbeitskollegen zu einem Temperamentsausbruch hinreißen ließe? Glauben Sie nicht, Sie würden viel mehr Verständnis dafür aufbringen? Auch wenn Sie den Anlaß nicht miterlebt haben.

Bedenken Sie – alle Ehefrauen besitzen einen sechsten Sinn.

Roger Powers versuchte ein Turngerät für seine Kinder aufzustellen – ein süßes Gerät mit einer Rutsche und einer Schaukel, hellgrün und gelb. Oh, wie sehr hatten sich die Kinder so was gewünscht!

Da Robert der Held im Leben seiner Kinder sein wollte, erbot er sich, das Gerät zusammenzusetzen. Er schuftete und schuftete. Überall lagen die schweren Plastikteile verstreut. Seine Frau Molly wollte ihm helfen. Aber »echte Ehemänner« akzeptieren in solchen Situationen keine Unterstützung von seiten ihrer Frauen. Immerhin schauten die Kinder zu.

Während sie beobachtete, wie er sich abmühte, verstand sie nicht, warum es so schwierig war, dieses kleine Gerät aufzubauen. Und da beging sie einen Fehler – sie fragte: »Liebling, was für Probleme hast du denn? Es sieht so aus, als könnte man das alles ganz leicht zusammensetzen.«

»Diese verdammten Spielsachen aus diesem verdammten Spielzeugladen sind schuld! Nie ist dieses Zeug so, wie man's erwartet.« Ungläubig schüttelte er den Kopf, dann begann er im Kreis herumzurennen. Es wirkte so, als würde er tanzen, aber seine Miene widersprach diesem Eindruck. Die Leute tanzen nur, wenn sie fröhlich sind, und das war er ganz sicher nicht. »Schau dir diese Teile an!« schrie er. »Die sollen zusammenpassen, aber so ist es nicht! Ich hab diese verflixten Spielsachen satt. Warum kaufen wir so einen Mist? Wieviel hast du dafür bezahlt? Ich werde diesen verdammten Hersteller anrufen!«

Er plagte sich noch weiter – vermutlich nur, weil er es nicht ertrug, die Kinder zu enttäuschen. Er stemmte sich gegen die einzelnen Plastikteile, versuchte mit aller Gewalt, sie zusammenzukriegen. Scheinbar machte er gewisse Fortschritte und näherte sich der Phase, wo er einen Hammer brauchte.

Eines der langen Teile rutschte herunter. Er griff den Hammer und – peng – ein Loch klaffte in der Rutsche. Kein Loch, das den gesamten Aufbau ruiniert hätte – ein warnendes Loch, das bedeutete: Wenn du dich jetzt nicht anständig benimmst, du blödes Turngerät, dann zerschmettere ich dich!

»Verdammt!« brüllte er. »Ich hasse dieses verdammte Ding!«

Irgendwie schaffte er es, daß das Gerät wenigstens dastand – mit nur drei neuen Löchern.

Er war stolz, weil er es nicht völlig zerstört hatte, prahlte sogar mit seiner Geschicklichkeit und beklagte, wie unzulänglich die Gebrauchsanleitung sei.

Die Murphys, Freunde der Powers', besaßen das gleiche Gerät. Mrs. Murphy hatte keine Schwierigkeiten. Ich frage mich, warum. Aber was viel wichtiger ist – haben Sie schon mal überlegt, warum Babys, die viel Zeit mit ihren Vätern verbringen, zuerst »Dadda« statt »verdammt« sagen?

Haushaltspflichten

Hat Ihr Mann Ihnen jemals geholfen, die Küche sauberzumachen? Ich meine – nicht jeden Abend. Ein- oder zweimal in einem Jahrzehnt würde genügen. Kommt Ihnen der folgende Abschnitt bekannt vor?

Ein Ehemann verirrt sich in der Küche

»Wo ist das Besteck? Ich finde die Gläser nicht. Würdest du mir helfen, sie zu suchen? Haben wir einen Mülleimer, oder soll ich die Essensreste in den Abfluß der Spüle stopfen? Wo sind Salz und Pfeffer?«

Klingt vertraut, nicht wahr? Ehemänner sind in vielen Bereichen brillant, aber in der Küche nur selten. Ehemänner müssen sich verirren, wenn sie eine Küche betreten. Das ist ihre Pflicht.

Ich habe mich oft gewundert, warum Ehemänner unfähig sind, das Bier und die Erdnüsse zu finden, wenn ihre Freunde zu Besuch kommen. Merkwürdig – in anderen Dingen sind sie nicht so hilflos.

Ehemänner finden immer Gläser und Eiswürfel für ihre Drinks.

Aber bitten Sie ihn mal, die Geschirrspülmaschine zu beladen. Passen Sie genau auf, was er hineinstellt. Wahrscheinlich werden Sie den Eindruck gewinnen, beim Dinner wäre das gesamte vorhandene Geschirr benutzt worden, weil er eine Ewigkeit braucht. Aus irgendwelchen Gründen wissen Ehemänner nicht, daß sich Spülbecken normalerweise in der Nähe von Geschirrspülmaschinen befinden – oder doch?

Und dann die Herdplatte. Viele Leute sind da sehr pingelig, ihre Herdplatten müssen immer ganz sauber sein. Um seiner Vorstellung von Sauberkeit zu entsprechen, nimmt ein Ehemann ein Papiertuch, schmiert das Fett umher und blinzelt verständnislos, wenn die Herdplatte stumpf wird, statt zu glänzen. Aus seltsamen Gründen kommt er nie auf die Idee, Reinigungsmittel zu verwenden. Aber um sein Auto zu wachsen, holt er die Flasche aus der Küche, und die Reifen wischt er mit Watte ab.

Ehemänner verstehen auch nichts von schmutzigen Tischsets. Sie schütteln sie einfach und räumen sie weg. Der Himmel möge verhüten, daß sie jemals einen Schwamm in die Hand nehmen, wenn sie Küchenarbeit leisten! Sie glauben, Schwämme wären nur für die Autowäsche da.

Hat Ihr Mann jemals einen Kochtopf gespült? Testen Sie ihn. Haben Sie keine Angst. Später können Sie den Topf immer noch säubern. Schauen Sie hinein, wenn Ihr Mann fertig ist. Läßt sich erkennen, ob der Topf überhaupt gespült worden ist? Sieht er nicht eher so aus, als hätten Sie Ihr Müsli darin verschmiert? Die Radkappen vom Auto sehen nie so aus, die funkeln immer und sind so rein, daß man davon essen könnte. Haben Sie schon mal überlegt, ob Ehemänner wissen, daß man von schmutzigen Kochtöpfen krank werden kann?

Mein Lieblingsthema ist der Boden. Wie oft haben Sie ihn schon gebeten, den Boden zu fegen? Die Küche ist fast sauber; Sie müssen auf die Toilette und bitten ihn, den Boden zu fegen; Sie drücken ihm einen Besen in die Hand und verschwinden. Nachdem Sie fünf Minuten später aus dem Bad zurückkehren, sieht er fern. Mitten auf dem Küchenboden liegt ein Keks, neben dem Babystühlchen ein Essensrest. Er ruft aus dem Wohnzimmer, Sie sollen mit ihm fernsehen, und Sie fragen, ob er den Boden gefegt hat.

»Natürlich, du hast mich doch darum gebeten«, erwidert er.

Die Wäsche

Die Wäsche macht immer Spaß. Viele Leute kümmern sich darum, weil sie den sauberen Duft ihrer Kleidung lieben. Eines Tages ersuchte meine Freundin ihren Mann, ihr bei der Wäsche zu helfen. Bedenken Sie, daß er zu Beginn dieser Beziehung allein lebte. Er erledigte seine Wäsche selbst, und seine Sachen gingen niemals ein und färbten sich auch nicht rosa. Irgendwann zwischen der Vergangenheit und der Gegenwart machte er eine rückläufige Entwicklung durch. Jetzt behauptet Jeff, nicht zu wissen, wie die Waschmaschine funktioniert, den Unterschied zwischen der Waschmaschine und dem Trockner nicht zu kennen. Können Sie sich das vorstellen? Die Gebrauchsanweisung liegt da, starrt ihm ins Gesicht, und er kann sie einfach nicht finden, geschweige denn verstehen.

Kay bat Jeff also um Hilfe. Sie schaltete die Maschine ein und sagte, *nach dem Waschgang* solle er die Handtücher in den Trockner geben.

Für ein paar Minuten mußte meine Freundin zur Nachbarin gehen. Bei ihrer Heimkehr war die Waschmaschine um mindestens anderthalb Meter zur Seite gerückt worden. Wenn Sie jemals eine Waschmaschine über den Boden geschoben haben, wissen Sie, wie schwer diese Dinger sind. Kay öffnete das Gerät und spähte hinein. Es war leer. Sie fragte ihren Mann, warum er die Maschine zur Seite gerückt habe. Da entgegnete er, das habe er nicht getan. Dann erkundigte sie sich, *ob das Surren* verstummt sei, ehe er die Handtücher herausgenommen habe.

»Ja«, bestätigte Jeff. »Übrigens, die Maschine war furchtbar laut. Sie klirrte und sprang herum. Ich glaube, du solltest sie reparieren lassen, Liebling.«

Der Staubsauger

Als eine meiner anderen Freundinnen ihren Mann bat, im Haus Staub zu saugen, mußten sie danach einen neuen Staubsauger kaufen. Offenbar hatte ein Kampf mit dem Dreiwegschalter stattgefunden, in dem das Gerät mittels Sabotage siegreich geblieben war. Der Ehemann schob den Staubsauger über einen kleinen Läufer, der offenbar rebellierte. Statt still dazuliegen, ließ er sich in das Gerät saugen und nie wieder blicken.

Mit Hilfe eines Schraubenziehers und einer Zange wagte der Ehemann eine Expedition ins Innere des Staubsaugers, um den Läufer herauszuholen. Nach zwanzig Minuten hatte er es geschafft, das Gerät auseinanderzunehmen. Überall lagen die Einzelteile herum, vermischt mit Fäden von derselben Farbe wie der vermißte Läufer.

Säuberungsextreme

Zweifellos passen alle Ehemänner in eine von zwei Kategorien, was ihre Fähigkeiten betrifft, im Haus sauberzumachen. Sie scherzten nicht vor all den Jahren, als die TV-Sendung »Das seltsame Paar« so beliebt war – sie wußten schon damals, was ich erst viel später glauben konnte. Ich gehöre nämlich zu den Menschen, die nur sehr wenig für bare Münze nehmen – bis es meinen Freundinnen passiert.

Eine gute Freundin hat einen Ehemann, und der ist die reinlichste Person, die man sich nur vorstellen kann. Und er kümmert sich nicht nur um die Hausarbeit, er glaubt, daß es auf der ganzen Welt niemanden gibt, der alles so gut saubermachen kann wie er. Die Leute lachten, wenn meine Freundin Connie sich darüber beklagte, und meinten, sie müsse die glücklichste Ehefrau sein, wenn ihr Mann sie geradezu anflehte, das Haus reinigen zu dürfen.

Es klang sehr eigenartig, wenn Connie darüber sprach. Für sämtliche Dinge gab es im Haus bestimmte Plätze. Ihr Mann ließ nichts aus. Er legte ein kompliziertes Verzeichnis für alle Kunstwerke an, die seine Kinder je geschaffen hatten, sogar für jene schlammig-braunen Bilder, die offenbar alle Zweijährigen zustande bringen, wenn sie mit Farben in Berührung kommen. Für jeden Gegenstand existierte ein Behälter. Und stellen Sie sich mal vor, Sie hätten eine so blitzblanke Garage, daß Sie Lebensmittel darin aufbewahren können! Nicht nur Konserven, auch Brot und Kuchen.

Der Ehemann hielt die Garage so sauber, daß man einen Teppich hätte hineinlegen und Partys darin feiern können.

Die anderen Extreme

Aber die meisten Ehemänner sind nicht so pedantisch wie Connies Prachtstück. Der Mann einer anderen Freundin ist wahrscheinlich typischer, was Ordnungsliebe betrifft.

Eines Tages beschloß Kim, einen Sessel in ihr Schlafzimmer zu stellen. Sie dachte, vielleicht würden sie oder ihr Mann Barry manchmal gern darin sitzen und reden. Damals war sie noch nicht schlau genug, um zu wissen, daß man im Schlafzimmer nur Gespräche führt, während man steht, liegt oder sich an- und auszieht.

Ihr Mann verstand nicht, wozu man diesen Sessel benutzen sollte. Er war nicht besonders gut erzogen und glaubte, Sessel wären nur für Sachen da und Betten für Menschen, und er nahm an, ein Bett würde in erster Linie als Schauplatz für Leibesübungen dienen. (Vor dem Fernseher schlief er genug.)

Wenn sie von der Arbeit nach Hause kamen, rannte Barry nach oben, zog die Schuhe aus und ließ sie vor den Sessel fallen, wo sie die Nacht verbrachten. Aber jeden Morgen fragte er Kim, wo seine Schuhe wären.

Dieser Ehemann dachte, seine Frau besäße seherische Fähigkeiten. Statt dessen besaß sie nur ein gewisses Erinnerungsvermögen, im Gegensatz zu ihm.

Danach legte er sorgfältig seine Kugelschreiber auf seine Kommode. Natürlich sind Kugelschreiber etwas Heiliges. Was würden die anderen Leute im Büro von ihm halten, wenn keine Kugelschreiber aus seiner Brusttasche ragten? Diese lebensnotwendigen Geräte müssen angemessen bewacht werden, denn sie helfen einem Ehemann, sich wichtig zu fühlen. Für Ehemänner bedeuten sie das gleiche wie Handtaschen für Ehefrauen.

Manche Kugelschreiber von Ehemännern kosten mehr als die Ledertasche, die ihre Frauen jahrelang benutzen.

Sobald sich Barrys Kugelschreiber in Sicherheit befanden, an einem Ort, wo sie nicht davonrollen konnten, begann das Spiel. Es blieb jeden Abend gleich, eine Routine, die von nichts beeinflußt wurde, weder vom Wetter noch von Stimmungen oder von der Uhrzeit.

Wenn Barry die Schuhe ausgezogen hatte, wackelte er mit den Zehen. Das war sein Fitneßtraining.

Dieser Ehemann trug die ungewöhnlichsten Socken, die Sie sich vorstellen können. Sie waren so eigenartig, daß sie wirklich und wahrhaftig mit den Füßen zu verschmelzen schienen. Vielleicht haßte er es deshalb so sehr, sie zu wechseln. Immerhin dauerte es fast eine Woche, bis sie richtig an den Füßen klebten.

Er legte seine Socken auf den Boden, an eine Stelle, wo er sie am nächsten Morgen ganz bestimmt wiederfinden würde. Aber am Morgen erinnerte er sich nicht, wo er sie deponiert hatte.

Sicher fragen Sie sich jetzt, ob er nur ein einziges Paar Socken besaß.

Natürlich nicht, seine Socken füllten eine ganze Schublade. Er bevorzugte einfach nur Socken, die ein Eigenleben führten.

Später schlenderte Barry zum Fernseher und schaltete ihn ein, um nichts zu verpassen. Egal, was gerade gesendet wurde – es kam nur darauf an, daß er daheim war und daß der Fernseher deshalb laufen mußte. Wenn alles der Routine entsprach, war es okay.

Stolz nahm er die Krawatte ab und schwenkte sie wie ein Rodeo-Star. Mit einer flinken Drehung des Handgelenks warf er sie in den Sessel. Er spielte seine gewohnte Rolle und fühlte sich großartig. Während er sich einbildete, so gut wie Tom Cruise auszusehen, knöpfte er sein Hemd auf, wanderte ein bis zwei Minuten lang im Raum umher, zog es aus und schleuderte es auf die Krawatte.

Mit der Hose ging er sorgfältiger um, die hatte ihren besonderen Platz. Oben drauf, auf dem ganzen Haufen.

Ich habe oft gesagt, falls ich nach dem Tod als Kleidungsstück für einen Mann in die Welt zurückkehren muß, möchte ich eine Hose sein. Ich würde es hassen, ganz unten zu liegen. Außerdem habe ich das Gefühl, alles, was im Leben eines Mannes geschieht, spielt sich in seiner Hose ab. Sicher wissen Sie, was ich meine.

Hosen sind symbolisch für Ehemänner.

Der Haufen wurde so hoch, daß Kim um ihren Sessel zu bangen begann und fürchtete, er würde zusammenbrechen. Sie glauben doch nicht, er wäre jemals leer gewesen? Oder Kim hätte sich je an die Farbe des Bezugs erinnert?

Wenn Barry ausgezogen war und die Zeit noch reichte, sprang er in die Duschkabine – ein Ereignis für die ganze Familie. Die Kabinentür blieb in ausreichendem Maße geöffnet, so daß das Wasser über den Badezimmerboden ins Erdgeschoß hinabfließen konnte.

Vermutlich dankte Kim ihrem Glücksstern, weil im Wohnzimmer noch keine Möbel standen.

Sicher wissen Sie bereits, was mit den Handtüchern passierte. Genau – eines lag unter dem Waschbecken, ein anderes neben der Toilette, ein drittes mitten auf dem Bett. Nein, nicht direkt in der Mitte, eher auf Kims Seite.

Auf Barrys Bett lagen niemals nasse Handtücher. Eine komische Tatsache – oder vielleicht glaubte er, seine Frau würde nasses Bettzeug lieben.

Oder er wünschte sich ein Wasserbett.

Ärgerliche Gewohnheiten

Es gibt verschiedene ärgerliche Gewohnheiten, die anscheinend in jedem Haushalt üblich sind. Zu den widerwärtigsten gehören jene, die Ehemänner eigentlich mühelos unter Kontrolle bringen könnten. Aber sie werden beibehalten, Jahr um Jahr. Glauben Sie, es macht Ehemännern eine besondere Freude, ihre Frauen damit zu nerven?

Eine typische Woche

Als Mrs. Jones am Montagmorgen das Bad betritt, findet sie ihre hübsche Zahnbürste naß im Waschbecken – bereits benutzt. Eklig! Sie will nicht, daß ihre Zahnbürste den Zahnbelag anderer Leute wegputzt, auch nicht den ihres Mannes! Und sie erinnert sich auch nicht an eine Klausel im Ehevertrag, die den gemeinsamen Gebrauch einer Zahnbürste beträfe.

Es gibt eine Lösung für das Problem.

Mrs. Jones geht in den Supermarkt und kauft zwei Zahnbürsten – eine rosarote für sich selbst, eine blaue für Mr. Jones. Und sie zeigt ihm seine neue Zahnbürste und läßt sie für ihn auf dem Waschbeckenrand liegen.

Am Dienstagmorgen erwacht sie, und ihre

neue rosa Zahnbürste ist immer noch neu und trocken. Die Wachsamkeit der zufriedenen, vertrauensvollen Ehefrau läßt nach. Abends vergißt sie, die Zahnbürste für ihren Mann bereitzulegen.

Am Mittwoch erwacht sie und will sich die Zähne putzen. Da sieht sie ihre neue rosa Zahnbürste naß und schlaff daliegen, die Borsten von SEINEM kraftvollen Zähneputzen verbogen! Was soll eine Ehefrau anderes tun, als die blaue Zahnbürste zu verwenden?

Als die Zähne geputzt sind, geht sie zur Toilette, setzt sich darauf, und ihr halber Körper versinkt im Wasser, weil jemand vergessen hat, die Klobrille herabzuklappen. Monatelang hat sie Mr. Jones angebettelt und angefleht, die Klobrille runterzuklappen.

Ihr kleiner Hintern wird noch mehrmals naß, ehe sie am Donnerstagmorgen sieht, daß die Klobrille tatsächlich hinabgeklappt ist. Mrs. Jones setzt sich darauf, und das Herz wird ihr schwer. Ihr Hintern ist wieder naß.

Ihr Mann hat sie überlistet. Um nicht zu vergessen, die Klobrille runterzuklappen, hat er sie gar nicht erst hochgehoben. Nun scheint es Mrs. Jones' Job zu sein, ihm beizubringen, wie man eine Klobrille abwischt.

Sie möchte Toilettenpapier abreißen, um den Sitz abzuwischen. Keins mehr da.

Der vielversprechende Tag findet seine angemessene Fortsetzung, als sie zum Waschbecken geht, wo Mr. Jones soeben seine Morgentoilette beendet hat. Sie beginnt ihre Kontaktlinsen einzusetzen und läßt sie ungeschickt ins Becken fallen. Auf der Suche danach greift sie in einen fünf Zentimeter dicken Teppich aus Barthaaren aus dem Rasierapparat.

Ein prähistorischer Fund?

Es war einmal eine andere Ehefrau, die eines Morgens das Bad betrat. Sie schlief noch halb, ihr Fuß stieg auf irgend etwas, und sie zuckte zusammen. Der Gegenstand war so scharfkantig, daß er ihre Sohle aufschnitt. Sie hob das Ding auf, das sie zunächst für eine geöffnete Sicherheitsnadel gehalten hatte, und begann es zu studieren.

Anfangs ließ es sich nicht identifizieren. Sie dachte nach. Was mochte es sein? Die Farbe war kein hübsches helles Gelb, sondern ein dunkles, bräunliches. Die Länge des ziemlich dicken Gegenstands betrug etwa zweieinhalb Zentimeter, und er wies tiefe Rillen auf.

Es war einfach unmöglich, festzustellen, was das sein konnte. Vielleicht etwas Prähistorisches, ein Fossil oder etwas Ähnliches.

Jedenfalls ging die Ehefrau zum Badezimmerschrank, um ein Pflaster für ihre Schnittwunde herauszunehmen, und da stieg sie wieder auf etwas. Diesmal war der Gegenstand kleiner. Sie bückte sich erneut und hob ihn auf. Auch dieses Ding sah wie ein Fossil aus, aber mehr braun als gelb. Sie ließ es fallen, und da entdeckte sie weitere widerliche Gegenstände, genau neun, im ganzen zehn, zusammen mit dem ersten und größten, den sie gefunden hatte.

Alle fest in der Faust, erblickte sie auf der Ablage neben dem Waschbecken eine unvorstellbar große Nagelschere, die so aussah, als wäre sie für einen Hund bestimmt.

Aber soviel Glück hatte sie nicht. Ihr Magen drehte sich um, als sie zum Mülleimer rannte und wegwarf, was sie mittlerweile als Zehennägel ihres Mannes identifiziert hatte.

Es ist allgemein bekannt, daß Ehemänner von allen Lebewesen die häßlichsten Füße besitzen.

Wenn Sie das lesen und protestieren, warten Sie nur ab – Sie sind noch nicht lange genug verheiratet und noch zu jung, aber glauben Sie mir, Sie werden mir eines Tages beipflichten.

Bald werden Sie sehen, was ich meine.

Sind Sie nicht davor gewarnt worden? Hat Ihre Mutter es nicht erwähnt?

Haben Sie sich nie gewundert, warum Ihr Vater am Strand immer Socken getragen hat?

Peinliche Augenblicke

Niemand auf der ganzen Welt kann eine Ehefrau so in Verlegenheit bringen wie ein Ehemann. Normalerweise tut er das nicht mit Absicht, aber manchmal schon.

Wenn Frauen heiraten, geben sie viele Rechte auf, aber das Recht auf ein bißchen Privatsphäre müßte eigentlich weiterbestehen. Während der Schwangerschaft wird es besonders schlimm. Dann darf sie nicht mehr ohne Begleitung ins Bad gehen, aber das bleibt wenigstens in der Familie. Wenn Außenstehende einbezogen werden, wird es erst richtig peinlich.

Das Problem fängt an, wenn Sally Larsen länger als die üblichen fünfzehn Sekunden im Bad bleibt. Vielleicht liest sie eine Zeitschrift. Das ist okay. Viele Leute tun das im Bad.

Aber da klingelt das Telefon.

Sally überlegt, ob sie ihren stillen kleinen Hafen verlassen und an den Apparat gehen soll. Nein. Hier drin ist es so gemütlich.

Endlich hebt ihr Mann den Hörer ab. »Hallo? Oh, hi! Mal sehen. Können Sie einem Moment warten? Liebling!« ruft er. »Liebling, wo bist du? Ein Anruf für dich!«

»Im Bad«, antwortet Sally.

»Okay . . . Hallo? Tut mir leid, sie sitzt gerade auf dem Klo. Sicher ist sie bald fertig. Möchten Sie so lange warten?«

Die Kehrseite der Medaille

Bis zum heutigen Tag verstehen Sie wahrscheinlich nicht, warum Ehemänner die Privatsphäre ihrer Frauen für unwichtig halten. Dürfen Sie nicht mal in Ruhe das Bad benutzen? Allein?

Andererseits müssen Sie seine persönlichen Gewohnheiten wie Ihre Augäpfel hüten. Zum Beispiel will er nicht, daß Sie irgend etwas verraten, was ihn als weibisch hinstellen könnte.

Ein Ehemann namens Rob badete viel lieber als zu duschen. Keine große Sache, was? Falsch. Wann immer Rob sein Bad nahm, war er furchtbar verlegen.

Wer kann das verstehen? Wen interessiert es, auf welche Weise sich jemand wäscht, wenn er's nur richtig tut?

Für Rob war das sehr wichtig.

Bedenken Sie – es geht hier um eine ganz normale Badewanne, nicht um einen Whirlpool.

Rob streckte sich im warmen Wasser aus, fast wie im Koma. Er fühlte sich wohl, alle Sorgen entschwanden. Er benutzte sogar das gelbe aufblasbare Plastikkissen seiner Frau, das die Form eines Kußmunds hatte – ein Geschenk von ihm.

Seine Frau freute sich, ihn so friedlich in der Wanne liegen zu sehen, und war glücklich, weil ihm das Kissen Spaß machte. Sie selbst hatte noch keine Zeit gefunden, es auszuprobieren ...

Das Telefon läutete. Da sprang Rob aus der Wanne, stürmte zur Badezimmertür und schrie:

»Wenn es für mich ist, sag, ich bin unter der Dusche. Okay? Hast du gehört? Unter der Dusche!«

Natürlich verriet seine Frau dem Anrufer nicht, wo ihr Mann sich in Wirklichkeit aufhielt, und ließ sich einfach nur mitteilen, was man ihm sagen wollte. Aber sie überlegte, warum er sich so merkwürdig benahm.

Es ist schwer zu begreifen, warum Ehemänner Badewannen weibisch finden. Und es ist ebenso unverständlich, warum Ehemänner beim Waschen lieber stehen. Sogar Hunde und Katzen sitzen, wenn sie sich putzen.

Das Chaos

Der Ehemann geht zur Arbeit. Fünf Minuten später will seine Frau das Haus verlassen, um ebenfalls ihren Arbeitsplatz aufzusuchen. Sie geht durch die Küche, die nicht wiederzuerkennen ist. Zweifellos war er hier. Die Kaffeekanne ist geöffnet, Kaffeespritzer zieren die Theke, der Toaster erstickt beinahe an Krümeln. Die kleben auch an der weichen Butter.

Auf dem Tisch bittet eine Müslischüssel, in die Spüle gestellt zu werden. Daneben steht eine Zuckerschale, aber auf dem Tischtuch befindet sich mehr Zucker als in der Schale. Die Ehefrau fürchtet, das Haus könnte tagsüber ausgeraubt werden und jemand würde es in diesem Zustand sehen. Also macht sie erst sauber, ehe sie zur Arbeit geht.

Alles in der Familie

Ehemänner leihen sich gern die Ideen ihrer Frauen aus. Haben Sie das schon einmal bemerkt?

Nehmen wir ein relativ harmloses Beispiel – die Farbe des Anstrichs im Flur. Der Ehemann hat seiner Frau versichert, er sei wirklich nicht daran interessiert, ihr bei der Inneneinrichtung zu helfen. Was immer ihr gefalle, er sei damit einverstanden. Das findet sie okay und macht sich ans Werk.

Sie nennt die Farbe »Mauve«, er »Rosa«. Das spielt eigentlich keine Rolle, denn er hat die Farbe nie zuvor gesehen und verabscheut sie. »Wie ein Boudoir«, meint er.

Sie diskutieren, er besteht darauf, die Wände seien rosa, und er haßt sie.

Die Ehefrau beteuert, die Wände seien gewiß nicht rosa, dafür enthalte die Farbe zu viele Purpur-Nuancen. »Das ist Mauve.«

Davon will er nichts hören, geht davon und läßt sie allein auf die »rosa« Wände starren.

Einige Tage verstreichen, dann kommen Gäste. Der andere Ehemann betritt den Flur und bemerkt sofort die frischgestrichenen Wände. Er wendet sich zum Hausherrn und sagt: »Diese

Farbe wirkt phantastisch, sieht toll aus, macht einen Riesenunterschied. Was für eine Farbe ist das denn?«

Als anerkannter Experte für Innenarchitektur erwidert der Hausherr: »Vielen Dank. Das ist Mauve. Gefällt mir auch.«

Öffentliches Lob

Ein anderer Ehemann singt in aller Öffentlichkeit Lobeshymnen auf seine Frau. Er hat Probleme mit seinen Händen.

Nein, hören Sie auf, so was zu denken. Niemals würde ich so was Intimes über Ehemänner anderer Frauen erzählen!

Seine Hände schälen sich.

Außer ihm kenne ich nur noch wenige Leute, deren Hände wie Athletenfüße aussehen. Manchmal schälen sie sich so schlimm, daß die Fingerspitzen ganz wund sind.

Tut er Ihnen aufrichtig leid? Es muß wirklich unangenehm sein, manchmal auch peinlich. Aber Ihr Mitleid sollte sich in Grenzen halten.

Als großmütiger Mensch liebt er es, überall zu erzählen, er sei allergisch gegen seine Frau!!! Das hat er in den letzten zehn Jahren so oft behauptet, daß er es nun selber glaubt. Es muß ein nettes Gefühl sein, die Verantwortung für die unerklärlichen Mysterien eines Menschenlebens zu tragen.

Die beiden haben drei Kinder – wunderbare Kinder. Was glauben Sie, wie viele Kinder sie erst hätten, wenn der Mann nicht allergisch gegen seine Frau wäre?

Ganz private Dinge

Sicher, alle Leute haben ihre kleinen Eigenarten, aber dies ist ein Buch über Ehemänner. Und als Ehefrau fühle ich mich verpflichtet, Sie auf die interessantesten Gewohnheiten von Ehemännern hinzuweisen. Jetzt geht es um die privaten. *Er* würde sterben, wenn er wüßte, daß Sie irgend jemandem davon erzählen. In diesem Buch wurden die sexuellen Freuden der Ehemänner schon erwähnt, jetzt muß noch die Gruppe der Ehemänner genannt werden, die sich mit der Hand auf der Hose entspannen. Scheinbar ruht die Hand nur ganz harmlos auf den Juwelen. Es geschieht ganz unwillkürlich, niemals entsteht der Eindruck, etwas Komisches könnte passieren.

Wenn Sie mal darüber nachdenken, werden Sie das nicht erstaunlich finden, denn die Familienjuwelen bieten dem Ehemann ja tatsächlich sein schönstes Vergnügen. Er glaubt, er müßte sie ständig beschützen. Viele solcher Typen fürchten, dem kostbaren Gut würde etwas Schlimmes zustoßen, also legen sie die Hand darauf, um alle drohenden Gefahren abzuwehren. Da wollen sie gar kein Risiko eingehen.

Es gibt auch Ehemänner, die ihre Finger in den Nabel stecken. Das stimmt. Sie nehmen den Zeigefinger, schieben ihn rein und ziehen ihn raus, immer wieder. Viele Leute haben eine gestörte Beziehung zu ihrem Nabel. Manche erschauern, wenn sie ihn waschen. Niemals würden sie damit spielen.

Können Sie sich vorstellen, von irgend etwas so gefesselt zu sein, daß Sie unbewußt Ihren Nabel berühren oder – noch schlimmer – einen Finger reinschieben?

Ehemänner beißen sich auch auf die Unterlippe, reiben die Fingerspitzen aneinander, kreuzen sogar die Beine. Heutzutage ist es akzeptabel, wenn ein Ehemann die Beine übereinanderschlägt. Aber wenn Sie genau aufpassen – *richtige* Ehemänner zögern immer noch, das in aller Öffentlichkeit zu tun.

Ein letzter Gedanke

Ärgerliche Gewohnheiten von Ehemännern sind wie die ersten grauen Haare. Ganz egal, wie oft man sie auszupft, sie kommen immer wieder.

Gebräuchliche Äußerungen

»Wann hast du das gesagt?«
»Ich wußte nicht, daß du es so gemeint hast.«
»Wie komme ich dorthin?«
»Ich habe dich nicht gehört.«
»Du machst das besser und schneller.«
»Ich muß zur Arbeit.«
»Wo sind meine . . .?«
»Wo war das?«
»Tut mir wirklich leid, Liebes.«
»Du suchst den Urlaubsort aus.«
»Wie heißen diese Leute doch gleich?«
»Was für eine Telefonnummer haben sie?«
»Ich dachte, du paßt auf die Kinder auf.«
»Tut mir leid, ich hab's vergessen.«
»Ich habe mein Auto monatelang nicht gewaschen.«
»Was bestelle ich normalerweise in diesem Restaurant?«
»Das wollte ich nicht tun.«
»Liebling, gib mir noch eine Chance.«

Ehemänner und ihre Mütter

Mütter und Söhne haben ein besonderes Verhältnis zueinander.

Die Beste

Warum mögen Ehemänner ihre Mütter so sehr und ihre Schwiegermütter so wenig? Das ist eine uralte Frage, die erst noch beantwortet werden muß. Seltsam, daß ein Ehemann so verschiedene Gefühle für zwei Frauen hegen kann, die beide Mütter sind ...

Ehemänner – Ihrer natürlich ausgenommen – scheinen sich in Gegenwart ihrer Schwiegermütter unbehaglich zu fühlen.

Interessant wird es, wenn eine Mutter und eine Schwiegermutter dasselbe sagen. Dann wird der Ehemann behaupten, seine Mutter »versuche nur zu helfen«, während die Schwiegermutter »Ärger mache«.

Ehemänner lieben es, bemuttert zu werden – von ihren Müttern, ihren Schwestern, ihren Frauen, sogar von ihren Schwiegermüttern, falls die dazu bereit sind.

Unbewußt glauben Ehemänner, *sie* wären es, die alle verfügbare Mütterlichkeit brauchen.

Auf eines können Sie allerdings wetten – kein

Ehemann wird jemals zugeben, er würde immer noch gern bemuttert werden und das auch brauchen. Wenn es um seine eigene Mutter geht, bestreitet er das besonders energisch.

Seine Mutter ist sein Augapfel, sein starker Anker, die einzige erwachsene Person, die stets an ihn geglaubt hat. Zum Wohl ihres Mannes und ihrer Kinder hat sie ihre eigenen Interessen immer hintangestellt. Und sie war die beste Köchin von der Welt!

Sie führte ihn in den Zoo und in die Bibliothek, zur Schule, zum Arzt und überallhin, wo Kinder hingehen müssen. Sie war die beste Mutter in der ganzen Nachbarschaft, durch so viele Eigenschaften anders – eben besser – als die übrigen Mütter, die er kannte. Dabei hatte sie es viel schwerer und mußte mit weniger Haushaltsgeld auskommen.

NIEMALS klagte sie, und wenn sie es tat, kann er sich nicht erinnern. Nach seiner Ansicht war sie besser als jede Film-Mutti. Eben die beste Mutter von allen.

Nicht die Mutter verursacht Probleme, sondern der Sohn. Er hat eine selektive Erinnerung. An seinem Hochzeitstag beginnen Gedächtnislücken aufzutreten. Er vergißt all die Tage, wo seine Mutter ihn gekränkt, seine Autoschlüssel genommen und ihn vor den Mädchen in Verlegenheit gebracht hat. Ehemänner machen aus ihren Müttern Heldinnen, damit ihre Ehefrauen sich noch mehr anstrengen.

Ehemänner vergessen, wie oft sie von ihren Müttern ignoriert, ins Laufställchen verfrachtet oder angeschrien wurden. Sie erinnern sich nur an Torten, Geburtstagspartys, den energischen Beistand der Mütter bei Meinungsverschiedenheiten mit Dad, an nette Mahlzeiten, wo es zum Dinner keine Pfannkuchen und Rühreier gab. Sie denken an Roastbeef, Kartoffeln, Erbsen, viel Sauce, knusprige Brötchen, natürlich auch an die Desserts – Kuchen, Pudding, Gelee, hausgemachte Pasteten, die auf dem Fensterbrett abkühlten. Und sie erinnern sich, wie Mom nach der Schule mit leckeren Snacks wartete.

Was glauben Sie, warum ein solcher Ehemann sich nicht an die Wirklichkeit erinnert? Seine Schwester hatte dieselbe Mutter, wohnte im selben Haus, wurde auf dieselbe Art großgezogen. Was meinen Sie, warum die Schwester eine ganz andere Erinnerung hat?

Nicht die Liebe ist anders – nur die Erinnerung.

Warum sieht der Ehemann die Mutter in ganz anderem Licht als seine Schwester?

Die Geburt eines Kindes und die damit verbundenen Szenen

Die folgende Geschichte muß ich allen Ehepaaren mit Kindern erzählen …

Die Geburt

Sie waren so aufgeregt. Mehrmals hatte Leslie ihn gewarnt. »Heute ist es soweit.«

Endlich war es an der Zeit, zur Klinik zu fahren. Die Wehen kamen in fünfminütigen Abständen. Sie rief Dwight im Büro an und bat ihn, sich zu beeilen. Dann wartete sie – und wartete und wartete. Als er anderthalb Stunden später zu Hause eintraf, fragte sie, wo er gewesen sei.

»Ich mußte noch ein paar Dinge im Büro erledigen.« Dwight tätschelte ihren Bauch und gab ihr einen Kuß. Von Schmerzen geplagt, verzichtete sie auf eine Diskussion, warf ihm nur einen »Ehefrauenblick« zu und ersuchte ihn, sie ins Krankenhaus zu bringen.

»Vorher will ich mich noch umziehen«, erwiderte er. »Ich will's bequem haben. Es dauert nicht lang.«

Inzwischen schleppte sie sich zum Auto, nahm darin Platz und wartete. Schließlich, nach einer halben Ewigkeit, erschien Dwight – frisch, fröhlich und so putzmunter, als würde er zu einem Urlaub im Süden aufbrechen.

Plötzlich platzte die Fruchtwasserblase – im brandneuen Auto. »Mach dir keine Sorgen, Liebling«, sagte er. »Das ist schon okay. Steig nur kurz aus, damit ich's wegwischen kann, ehe sich die Flecken im Bezug festfressen.« Sie fragte, ob er das nicht später tun könne. »Aber der Wagen, Schätzchen!« Widerstrebend kletterte Leslie hinaus. Er säuberte den Sitz, sie stieg wieder ein, und sie fuhren weiter.

Der Kassettenrecorder plärrte so laut, daß Dwight sie in der Stunde ihrer »gemeinsamen« Not nicht hörte. Sie war aufgeregt, weil sie ein Baby bekam, er war aufgeregt, weil er mitten am Tag sein neues Auto fuhr, und so vergaß er ihr Leid.

Ab und zu sagte er allerdings: »Atme langsam.« Er half ihr wirklich. Und er stellte einen neuen Geschwindigkeitsrekord auf. Immerhin konnte er die Schuld auf die werdende Mutter schieben, falls die Polizei ihn erwischte.

Erleichtert seufzte Leslie auf, als sie das Krankenhaus erreichten. Im Wehenzimmer sank Dwight in einen bequemen Sessel neben dem Bett und mampfte Chips. »Du machst das nicht richtig«, tadelte er. »Atme langsamer. Atme schneller. Atme lauter.«

Vor lauter Schmerz wollte Leslie überhaupt nicht mehr atmen.

Endlich tauchte der Arzt auf, um zu sehen, wie es voranging. »Wie fühlen Sie sich?«

»Gut«, antwortete die stets höfliche Leslie.

Er klopfte ihrem Mann auf den Rücken. »Sie hält sich großartig.«

Dwight und der Doktor begannen sich zu unterhalten, sie lachten sogar. Immer wieder lachten sie, während Leslie dalag. Sie erzählten Witze, einer fragte den anderen, ob er hungrig sei, und sie beklagten die Tatsache, daß es bis zur Ankunft des Babys noch eine Weile dauern würde.

Still lag Leslie da und wollte jeden obszönen Fluch hinausschreien, den sie kannte. Doch das wäre nicht richtig gewesen. Sie fragte sich, wie dieser wundervolle Ehemann, der ihr immerhin zur Schwangerschaft verholfen hatte, so laut lachen konnte, während sie solche Qualen litt.

Der Arzt stellte den Fernseher an, beide Männer starrten auf den Bildschirm. Die 49er spielten. Ein knappes Match, das beide restlos fesselte.

Die Wehen wurden schlimmer, schmerzhafter, erfolgten in immer kürzeren Abständen. Sie stieß einen Schrei aus.

Dwight und der Doktor drehten sich um, schauten sie an, und der Arzt sagte: »Beruhigen Sie sich, meine Liebe. Alles ist okay. Jetzt müßte es bald soweit sein.«

Sie wurde in den Kreißsaal gebracht, die Füße in den Steigbügeln des fahrbaren Betts. Exponiert. Dann baute man einen Spiegel vor ihr auf, damit alle Anwesenden das Ereignis verfolgen konnten.

Leslie lag da, preßte und wünschte, sie wäre tot. Ihr Stolz war verflogen, der Gatte von ihrer Seite gewichen. Er ging zur Tür. Durch ein Fenster spähten Medizinstudenten herein, und er forderte sie auf, näher zu treten. »Kommen Sie doch rein.«

Und sie lag nur da – verspürte immer gräßlichere Schmerzen. Dwight kehrte zu ihr zurück, diesmal mit der Videokamera. »Ich liebe dich«, sagte er. »Du machst das phantastisch. Lächle doch mal, Schätzchen. Los, ein strahlendes Lächeln!«

Sie schaute ihn an. Unfähig zu einer höflichen Antwort, zwang sie sich zu einem Grinsen. Was ihre Mine ausdrückte, verstand er nicht. Er stellte sich ans Fußende des Betts, um sie aus allen erdenklichen Blickwinkeln zu filmen. Später würde sie sich doch sicher gern in all ihren Schmerzen sehen – und entzückt sein, weil sie dabei so attraktiv gewirkt hatte.

Leslie preßte und preßte – mühsam, mit aller Kraft, und endlich war das Baby da. Sie hielt es im Arm – erleichtert, weil sie alles überstanden hatte. Dwight lächelte die geschlossenen Augen des Neugeborenen an, jubelte voller Stolz und rannte davon, um alle Leute anzurufen und seine Vaterschaft zu verkünden. »Ich liebe dich«, sagte er noch, und weg war er.

Später, in einem Krankenzimmer, hörte sie ihn telefonieren. »Ja, ja, es hat wunderbar geklappt. Ich war die ganze Zeit dabei und hab ihr erklärt, was sie machen soll. Dieser Geburtsvorbereitungskurs war wirklich eine Hilfe. Es ist gar nicht so schlimm, wie's einem immer eingeredet wird. Ich glaube, wir kriegen noch viele Kinder.«

Mit dem Baby daheim

Seit zwei Wochen sind sie mit dem Baby zu Hause, das natürlich ihr ganzes Leben völlig verändert hat.

Leslie, die junge Mutter, ist die ganze Nacht auf, den ganzen Tag und jede Minute dazwischen. Sie ist müde und dick, und die Schwangerschaftsstreifen, die laut ärztlicher Aussage verschwinden müßten, hat sie immer noch. Sie stillt das Baby – natürlich von Dwight ermutigt.

Sehr schnell hat sie herausgefunden, daß ihr kleiner Sohn sich nur beruhigt, wenn sie ihn an die Brust nimmt. Anfangs ist sie glücklich darüber gewesen, aber jetzt kommt sie sich langsam wie eine Kuh vor. Das kleine Baby saugt und lutscht an ihr, bis es weh tut.

Endlich erlebt sie eine ruhige Nacht. Das Baby

schläft – Gott sei Dank. Der freundliche, stets besorgte Dwight, der seit Leslies Heimkehr vom Krankenhaus getreulich jeden Tag zur Arbeit gegangen ist, neigt sich im Bett zu ihr herüber und beginnt sie zu küssen. »Ich liebe dich«, flüstert er zärtlich, und sie macht mit. Es ist schön, wieder einmal die Nähe des Ehemanns zu spüren.

Aber sie kennen ja die »Bedürfnisse eines Ehemanns«. Mit Küssen gibt er sich nicht zufrieden. Dwight will mehr, viel mehr. Sicher wissen Sie, was ich meine – er will alles. Leslie erklärt, der Arzt habe ihr empfohlen, mindestens sechs Wochen zu warten.

»Oh.« Traurig zieht er sich zurück. Sein heftiges Stirnrunzeln verrät ihr, in welcher Gefahr sein männliches Selbstwertgefühl schwebt. »Ich werde wirklich aufpassen«, wispert er, »und wenn's weh tut, sag's mir einfach, und wir hören auf.«

Ehe sie antworten kann, rückt er wieder eifrig zu ihr. Er weiß nicht, daß ihre Brustwarzen nonstop erhärtet sind, seit sie das Baby stillt. Als er anfängt, sich damit zu befassen, empfindet sie ein gewisses Unbehagen. Genauer ausgedrückt, nun fühlt sie sich wie eine Kuh, die ihre ganze Familie nährt.

Sie beginnt sich zu bewegen, zu protestieren, aber sein Schrei unterbricht sie. »Es ist heiß! Das ist Milch! Magermilch!« Und er springt aus dem Bett.

Nun hat sie ihre Ruhe. Niemand will sie im

Augenblick haben. Zumindest ihr Körper ist uninteressant.

Doch Dwight kehrt Sekunden später zurück, wirft sich auf Leslie und beteuert, wie sehr er sie liebt.

Wollen SIE jemals auch so geliebt werden?

Ehemänner als Väter

Die meisten Ehemänner schätzen es, Vater zu werden. Das bietet ihnen reichlich Gelegenheit, alles zu tun, was sie schon als Kinder tun wollten, aber nicht durften.

Der obligatorische Wochenendausflug

Samstage und Sonntage eignen sich großartig, um der Familie gewidmet zu werden. Wieviel Spaß hatten die Cleavers in dieser TV-Serie, wenn sie am Wochenende zum See fuhren . . .

Ward und June saßen vorn, der Beaver und Wally hinten. Die Jungs redeten über die Pläne, die sie für den Familientag geschmiedet hatten, Mom und Dad Cleaver lächelten unentwegt.

Haben Sie sich manchmal gefragt, warum sie immer lächelten? Haben Sie sich gewundert, wieso Ward seine Frau niemals fragen mußte, wo er abbiegen sollte? Meine Freunde und ich sind jetzt älter und glauben, die Antworten auf diese Fragen zu kennen. Die beiden lächelten, weil sie wußten, daß sie die zwei bravsten Jungs auf der großen weiten Welt hatten, die sich auf der ganzen Fahrt zum See anständig benahmen. Heutzutage unternehmen nur wenige Familien

Wochenendausflüge zum See. Und offenkundig kann die simpelste Exkursion außer Kontrolle geraten. Es gibt nicht mehr allzu viele Familien, die es genießen, für längere Zeit im Auto beisammenzusitzen.

Besonders Ehemänner scheinen unter diesen Experimenten in Sachen Familienleben, die nur an Wochenenden stattfinden, erheblich zu leiden. (»Exkursion« ist ein Wort, das Dad zu der Behauptung veranlaßt, er müsse arbeiten – das ganze Wochenende.)

Doch die Exkursionen verlaufen immer gleich. Schließlich sitzen alle im Familienauto und fahren los. Unterwegs kann niemals Frieden herrschen, weil der Ausflug in angespannter Atmosphäre begonnen hat.

Die Kinder fangen zu streiten an. Sie schlagen sich – nicht brutal, um Himmels willen, aber immerhin versuchen sie die Aufmerksamkeit der Eltern zu erregen. Die schweigen, sie wollen erst mal zu McDonald's.

Als das Geschrei lauter wird, schaut Mrs. Casey ihren Mann an. Er scheint nichts zu hören, außer seinem Lieblingssong im Radio. Schließlich dreht sie sich um und brüllt die Kinder an. Sie sollen still sein. Wenn sie nicht brav sind, fällt McDonald's flach.

Es wird still im Auto. Gelassen neigt sich Mr. Casey zu seiner Frau. »Du weißt doch, es sind nur Kinder. Also reg dich nicht so auf.«

Schließlich parken sie vor McDonald's. Natürlich muß Mrs. Casey das Essen bestellen, weil ihr Mann sich nicht entsinnen kann, was man hier ißt. An diese Küche sind sie nicht gewöhnt. Hat Ihr Mann es jemals geschafft, in einem Restaurant was zu bestellen? Die meisten Ehemänner, sogar die klugen, glauben offenbar, ihre Frauen trügen alle möglichen Computer bei sich, mit deren Hilfe sie solche Situationen meistern.

Wieder im Auto, knapp dreißig Minuten später, beginnt die Szene von vorn. Die Stimmen der Casey-Kinder schwellen immer lauter an, bald schreien sie. Mrs. Casey bleibt ruhig und erinnert sich, daß es ja nur Kinder sind. Sie blickt aus dem Fenster und lehnt es ab, sich einzumischen. Plötzlich stört der Ehemann ihren inneren Frieden. Der Lärm übertönt das Radio. »Warum unternimmst du nichts? Merkst du nicht, daß ich zu fahren versuche?«

Babysitting

Haben Sie Ihrem Mann jemals das Privileg zuerkannt, bei seinen Kindern als »Babysitter« zu fungieren?

Warum nennen wir es »Babysitting«, wenn Dad auf die Kinder aufpaßt? Moms sind nie die »Babysitter« ihrer eigenen Kinder.

Er fängt an, indem er alle Kleinen in einem Zimmer versammelt und erklärt, welch ein Verhalten er von ihnen erwartet. Das ist sehr clever;

er erläutert alle Regeln. Dann schaut er hinaus, um festzustellen, ob heute irgendwelche anderen Dads in der Nachbarschaft babysitten. Und ob Sie's glauben oder nicht – er hat Glück. Direkt gegenüber steht ein einsamer Vater in der Zufahrt und liest Zeitung, während seine Kinder mitten auf der Straße spielen (auf einer verkehrsarmen Straße).

Plötzlich sind diese zwei Ehemänner unbeweibt.

Sie treffen sich in der Zufahrt, reden eine Weile, klagen hin und wieder, prahlen mit ihren Jobs und meinen, die Zufahrten müßten mal neu gepflastert werden. Vielleicht könnten sie sich zusammentun und das selber machen.

Inzwischen geraten die Kinder außer Rand und Band. Die Dads sind daheim und sollen mit ihnen spielen. Und die Dads entscheiden, es wäre einfacher, die Kleinen drinnen zu hüten. Es ist immer leichter, Kinder innerhalb von vier Wänden zu kontrollieren, wie in einem Gefängnis.

Drinnen tut Dad alles, was sich ein Kind nur wünschen kann. Allein mit der Bande, entwikkelt er sich zum großen Anstifter. Er spielt mit den Kleinen Verstecken, setzt grauenerregende Masken auf, mimt Monster, backt Popcorn, wirft Popcorn herum, ißt sogar Popcorn. Zum Lunch serviert er den Kindern Limo und Eiscreme.

Haben Sie jemals ein Kind gesehen, das nicht sofort zu weinen aufhört, wenn man es mit Keksen oder Schokolade besticht? Darauf verstehen sich Dads großartig. Sie wissen genau, was Kinder wollen, vielleicht weil sie selber wie Kinder sind. Dad vergißt das übliche Mittagsschläfchen der Kleinen. Sie amüsieren sich so köstlich, daß die Zeit wie im Flug vergeht. Die Kinder beschließen, die Küchenschränke zu erforschen.

Davon haben sie schon immer geträumt, aber Mom erlaubt es nicht.

»Daddy, wir gucken uns mal in der Küche um – kommst du mit?« fragt ein Kind.

»Hm – gute Idee«, murmelt Dad im Wohnzimmer. Er nimmt die Aktivitäten und Fragen und den Lärm seiner Kinder nicht wahr, weil ihn das neue Videospiel, das er für sie gekauft hat, so fesselt.

Inzwischen kriechen die Kinder überallhin, wo sie nie zuvor gewesen sind. Die Küche ist ein Chaos. Die Schränke sind leer, der Boden scheint nicht mehr zu existieren. Die Liste von Dingen, mit denen Kinder spielen können, ist ziemlich lang. Sie enthält zum Beispiel Mehl, Wasser, Kekse, Buntstifte, Schüsseln, Töpfe, Pfannen, Haferflocken, Eier – das Inferno ist unvorstellbar, und die Kinder freuen sich so. Irgendwo zwischen Mehl, Schokolade und Erdnußbutter strahlen glückselige Gesichter. Sie wissen es sehr zu schätzen, wenn Dad bei ihnen daheim ist, denn da dürfen sie so viele Experimente durchführen.

Und da erwacht Dad aus seinem Tagtraum,

schlendert in die Küche, grinst die Kleinen an, schnappt sich ein Bier und kehrt zu seinem Lieblingsplatz auf der Wohnzimmercouch zurück, um ein Nickerchen zu machen.

Während sein Schatten aus der Küche verschwindet, brechen die Kinder in ein Freudengelächter aus. Niemand außer Daddy würde jemals hier reinkommen, ohne das Durcheinander zu sehen.

Noch eine Geschichte über Babysitting

Eine meiner Freundinnen ging wieder einmal zur Arbeit, so wie jeden Tag, an den sie sich erinnern kann. Sie ist Abteilungsleiterin und nimmt ihren Job sehr ernst – ein Typ, der stets nur Spitzenleistungen von sich und anderen erwartet. Liz führt ihr Leben nach den Regeln, die sie zusammen mit ihrem Mann aufgestellt hat.

Als sie an jenem Morgen das Haus verließ, war sie froh, weil ihr Mann sich diesen Tag freigenommen hatte, um ihn mit der sechsjährigen Tochter zu verbringen. Ein wohlig-warmes Gefühl erfaßte sie, während sie zur Bushaltestelle ging. Die beiden wichtigsten Menschen in ihrem Leben würden glücklich miteinander sein.

Auf der Busfahrt beneidete sie ihren Mann und ihre Tochter, die nun im Garten mit dem Hund umhertollen würden. Sicher lachten sie und umarmten sich immer wieder – daran zweifelte Liz nicht. Mittags würden sie zu McDonald's gehen. Dave würde für die Kleine so viele Pommes frites bestellen, wie sie wollte. Und wenn sie brav war, würde sie danach noch McSundae-Eis und Apfeltaschen bekommen. Liz nahm an, Dave würde später mit seiner Tochter in den Park wandern. Dort würden sie mit dem Eimerchen aus der McDonald's-Juniortüte spielen. Ein ganz besonderer Tag für das kleine Mädchen. Es war immer nur widerstrebend in die Kindertagesstätte gegangen.

Bei ihrer Rückkehr am Abend stellte Liz erfreut fest, daß alles in Ordnung war. Dave berichtete, sie hätten beschlossen, mittags daheim zu bleiben, und einen wundervollen Tag erlebt. Als sie sich nach den diversen Aktivitäten erkundigte, erfuhr sie, Dads Auto sei gewaschen worden und jetzt wirklich sauber, sogar eingewachst. Sie hatten auch ferngesehen und eine oder zwei Geschichten gelesen.

Später, im Bett, schmiegte sie sich an ihren Mann und dachte, wie wunderbar er doch war. Welch ein gutes Beispiel er dem Kind gab! Das erfüllte sie mit Stolz.

Drei Wochen verstrichen, und alles klappte großartig. Jeden Morgen, wenn die Eltern zur Arbeit gingen, flehte das kleine Mädchen, Dad solle sich doch wieder einen Tag freinehmen.

Über jenen besonderen Tag hatten sie oft gesprochen. Eines Abends kam Liz etwas später als sonst nach Hause und traf ihren Mann in der Küche an. Er kochte nicht wie erhofft, sondern marschierte rastlos auf dem Linoleumboden umher. Irgend etwas schien nicht zu stimmen. Plötzlich blieb er stehen und schüttelte den Kopf, seine Beine begannen zu zittern.

Es war kein nettes Kopfschütteln, sondern eins von der Sorte, die den Wunsch weckt, man wäre im falschen Haus gelandet. Man sieht es nur selten, erinnert sich aber um so deutlicher daran.

Dave sprang zum Küchentisch, packte ein Kuvert und klatschte es auf seine Handfläche. Er regte sich schrecklich auf. Sein Gesicht war hochrot, die Augen drohten aus den Höhlen zu quellen. Mit seinem langen Finger zeigte er auf den Umschlag und begann recht laut zu sprechen. Er schrie nicht, er erhob nur warnend die Stimme – wenn Sie wissen, was ich meine. Dieser Tonfall sollte Aufmerksamkeit erregen, falls das Kopfschütteln unbemerkt geblieben war.

Nach ein bis zwei Minuten begriff Liz immer noch nicht, was ihren Mann so furchtbar erboste. Sie verstand nur die Zahl »900«. Frustriert riß sie ihm das Kuvert aus der Hand und zog den Inhalt heraus. Die Telefonrechnung. Zweihundertachtundvierzig Dollar!

Nun erkannte sie, daß Dave wissen wollte, wen sie angerufen hatte. (Wie Sie zugeben müssen, bringen nicht einmal die nettesten Ehemänner Verständnis für hohe Telefonrechnungen auf.) Solche Ausgaben konnten sie sich nicht leisten, dergleichen war im Haushaltsbudget nicht vorgesehen.

Sie saßen sich am Tisch gegenüber, während Liz die Rechnung studierte. Alle Telefonate waren mit derselben Nummer geführt worden – mit 1-900.

Noch nie in ihrem Leben hatte Liz diese Nummer gewählt. Das alles verwirrte sie genauso wie Dave, bis sie feststellte, daß alle Telefonate am selben Tag erfolgt waren. Rasch holte sie den Kalender von der Küchentheke und blätterte darin. Sie mußte einfach wissen, was an jenem Tag geschehen war. Zufällig handelte es sich um den Tag, den ihr Mann sich freigenommen hatte, um ihn mit der kleinen Tochter zu verbringen.

Die Atmosphäre wurde etwas ruhiger, sobald sich das Beweismaterial gegen den einstigen Ankläger richtete. Wie sich herausstellte, war Dave die meiste Zeit ohne das kleine Mädchen draußen gewesen. Anfangs saß es im Auto, das Dad wusch, doch dann wurde ihr heiß, und sie fand es zu langweilig, zuzuschauen, wie er mit kreisförmigen Bewegungen das Blech wachste. Als guter Sportskamerad verfrachtete er sie vor den Fernseher und rannte hinaus, um sich wieder dem inzwischen erhärteten Wachs zu widmen.

Offensichtlich hatten ihr die nachmittäglichen Seifenopern mißfallen. »All My Children« war an diesem Tag wohl ein Flop gewesen.

Und dann erschien eine Telefonnummer auf dem Bildschirm. Wenn man die anrief, erfuhr man, welche Seifenopern demnächst von ABC gesendet werden würden.

Das clevere Kind wählte die Nummer, hochzufrieden mit sich selbst, als sich tatsächlich eine Stimme am anderen Ende der Leitung meldete. Zur Sicherheit hatte das Mädchen noch mehrmals auf die Wiederholungstaste gedrückt. Kostenpunkt – zweihundertachtundvierzig Dollar!

Daves Beine zitterten nicht mehr. Er lachte und freute sich über die Klugheit seiner Tochter. »Ein kleines Genie«, meinte er.

Irgendwie würden sie schon eine Möglichkeit finden, die Rechnung zu bezahlen. Dave entschuldigte sich bei seiner Frau, weil er so dumm gewesen war, und ging früh ins Bett – mit der Begründung, er sei völlig erledigt.

Während er die Treppe hinaufstieg, wirkte er verändert, stiller als sonst. Und kleiner. Aber das war nicht der einzige Unterschied. An diesem Abend bückte er sich und hob all die Gegenstände auf, die seit Wochen auf den Stufen lagen.

Erstaunlich, zu welchen Fortschritten ein so geringfügiger Irrtum führen kann . . .

Ferien

Ferien sind für alle Menschen wichtig. Auch Familien brauchen sie. Dabei finden sie eine gute Gelegenheit, sich zu entspannen, das Leben zu genießen und beisammen zu sein. Manchmal werden wir von unserem Alltag so beansprucht, daß die Prioritäten durcheinandergeraten. Der Urlaub bringt uns einander wieder näher. Und manche Ferien können gewisse Dinge zutage fördern.

Eine Reise zum Strand

Der große Tag brach an. Die Kinder freuten sich so. Ein langer, heißer Sommer lag bereits hinter ihnen. Sogar Mr. Johnson lächelte und summte vor sich hin. Er belud das Auto. Diese Beschäftigung gefiel ihm nicht besonders, weil er immer das Gefühl hatte, seine Frau würde viel zuviel einpacken.

Er zählte keineswegs zu den geduldigen Typen, und das Auto war nicht allzu groß. Nun kam es Mr. Johnson so vor, als müßte er seinen gesamten Hausstand hineinstopfen.

Nach einer knappen einstündigen Fahrt begannen die Kinder zu streiten. Der Mutter gelang es, sie mit Reisespielen zu beruhigen, die sie als Überraschung mitgenommen hatte.

Endlich traf die Familie am Strand ein. Alle waren froh, weil sie jetzt soviel Zeit miteinander verbringen würden.

Am nächsten Morgen erwachten sie schon zeitig. Mrs. Johnson rannte zum Laden, um Fleisch, Eier und andere leicht verderbliche Lebensmittel zu kaufen, die sie nicht hatte einpacken können. Bei der Rückkehr begegnete sie einem jungen Boten, den ihr Mann telefonisch bestellt hatte und der verschiedene Dinge erledigen sollte. Erstens mußte ein Päckchen von Federal Express ans Büro geschickt werden. Zweitens mußte der Junge zwei Luftmatratzen, ein Surfbrett, einen Sonnenschirm und eine Angelrute bringen.

Mr. Johnson wollte sichergehen, daß sie auch wirklich alle einen phantastischen Urlaub erleben würden.

Glücklich lächelte Mrs. Johnson, als sie beobachtete, wie ihr Mann sich zu entspannen anfing. Sie trug die Einkäufe in die Küche des Ferienhauses, wo er die übliche Frage stellte – die er immer äußerte, wenn seine Frau mit einer Einkaufstüte ankam. (Es spielte keine Rolle, um welche Tüte es sich handelte, oder woher sie stammte, ob sie groß oder klein war. Nur das Geld zählte, das irgendwo und irgendwann den Besitzer gewechselt hatte.)

Natürlich lautete die Frage: »Wieviel – eh, wieviel hat dieser kleine Trip zum Laden gekostet?«

Danach war Mr. Johnson bereit, die Ferien offiziell zu beginnen, und wanderte zum Strand – in einer Hand den Walkman, unter dem anderen Arm das Surfbrett, die Sonnenbrille auf der Nase, diese typische Brille mit großen, dunklen Spiegelgläsern.

Solche Sonnenbrillen tragen Ehemänner, um die »Kleinen« am Strand zu bewachen – Modelle, mit denen sie ihre Frauen zum Narren halten wollen.

Er erreichte den Strand, legte alles hin und ging zu den Kindern, die eine Sandburg bauten. Die sei großartig, erklärte er, aber er könne ihnen zeigen, wie man eine noch schönere zustande brächte.

Ehemänner können so bescheiden, so hilfreich sein. Beinahe sah es so aus, als wollte Mr. Johnson sich an einem Wettbewerb beteiligten, so eifrig errichtete er eine Stadt aus Sand, umgeben von einer Festungsmauer.

Und nachdem er seinen Kindern bewiesen hatte, daß er die »schönste Sandstadt« zu bauen vermochte, beschloß er, sich zu sonnen – in einiger Entfernung von den Sprößlingen, um nicht sofort als Ehemann und Vater identifiziert zu werden. Mißverstehen Sie mich nicht – seine Rolle als Gatte und Vater mißhagte ihm keineswegs. Er wollte nur für eine kleine Weile vorgeben, er wäre was anderes.

Genüßlich packte er all die Sachen aus, die es ihm ermöglichten, die Zeit um ein paar Jahre zurückzudrehen. Die magische Sonnenbrille vor den Augen, lehnte er sich im Liegestuhl zurück, die Beine ausgestreckt, die Schultern ganz lokker. Die Finger trommelten den Rhythmus der Musik, die aus dem Walkman drang, auf die Armstützen. Mr. Johnson versuchte cooler als cool zu wirken.

Mr. Johnson verwandelte sich in Mr. Superman. Und Mr. Superman stürzte sich ins Meer, wo er prompt von einer Welle überrollt wurde. Er stand auf, mit merklich tief gerutschter Badehose. Die Kinder, immer noch am Strand, zeigten lachend auf ihren Vater und erregten die Aufmerksamkeit anderer Urlauber. Er gewann den Eindruck, alle Anwesenden würden ihre jeweilige Tätigkeit unterbrechen und ihn anstarren.

Es ist interessant, einen Ehemann zu beobachten, der seine Badehose hochzerrt, um einen sonnenempfindlichen Hintern zu schützen.

Bei der nächsten Welle machte er die Hoffnung seiner Nachkommenschaft auf ein neuerliches Spektakel zunichte.

Nach dem Lunch konnte endlich auch Mrs. Johnson zum Strand gehen. Sie spielte mit den Kindern, während der coole Gemahl seinen bleichen Leib halb zu Tode briet. Dann setzte sie sich zu ihm, und sie sprachen miteinander. Es war so nett, in der warmen, bräunenden Sonne beisammen zu sein. Wie in den Flitterwochen. Aber diesmal waren auch die Kinder dabei. Eine glückliche Familie in den Ferien.

Er briet und briet, bis er fast starb. Wenn man ihm zuhörte, glaubte man, es wäre kaum noch Leben in ihm.

Sicher, wenn man mit ansieht, wie ein Sonnenbrand entsteht, während man noch am Strand ist, kommt man in Schwierigkeiten. Und dieser Ehemann war in Schwierigkeiten. Aber wie wir alle wissen, sind Ehemänner nie allein, wenn sie in Schwierigkeiten geraten.

Unglaublicherweise richtete Mr. Johnson eine geradezu flehentliche Bitte an seine Frau, und sie half ihm natürlich. Jeden Quadratzentimeter seines Körpers bestrich sie mit Sonnencreme, sogar die Zehen. Sie haßte es, wenn er sich elend fühlte.

Am nächsten Morgen strotzte er nur so vor lauter Blasen. Er winselte und stöhnte laut genug, um die Stimmung der restlichen Familie zu dämpfen. In seinem Zimmer mußten die Jalousien herabgelassen werden. Wie ein gestrandeter Wal lag er auf dem Bett und gab seinen Angehörigen Befehle für die nächsten drei Tage.

Das geschah keinesfalls aus Bosheit. Er wollte nur nicht allein bleiben – es sollten doch Familienferien sein, nicht wahr? Deshalb mußte die ganze Familie sein Unglück teilen. In solchen Situationen war Mr. Johnson ungemein selbstlos.

Schließlich konnte er das Haus wieder verlassen und kehrte an den Strand zurück, direkt unter den Sonnenschirm.

Er erklärte, wie sehr er den Strand verabscheue. Und so lenkte er sich ab, indem er einige aus dem Büro mitgebrachte Akten studierte, bis es im Freien zu heiß wurde. Im Haus setzte er die Arbeit fort.

An den nächsten drei Tagen schaffte er es, die Familie pausenlos zu beschäftigen. Das war bereits der Rest des Urlaubs. Auf der ganzen Heimfahrt hielt er die Hand seiner Frau, und dabei ging ihm immer wieder ein Gedanke durch den Kopf: Die Zeiten haben sich geändert. Keine Sonnenbräune, kein Spaß.

Er freute sich auf die Rückkehr ins Büro, wo er sich wieder entspannen würde.

Was ein Ehemann mag und was er nicht mag

Für alle, die das interessiert – ich habe Listen von Dingen aufgestellt, die Ehemänner mögen beziehungsweise nicht mögen. Diese kurzen, praktischen Listen können Sie ganz nach Belieben benutzen. Wenn Ihr Mann sich zum Beispiel ordentlich benimmt und Sie ihn belohnen möchten, überlegen Sie, ob Sie ihm irgendwas von der Liste jener Dinge gönnen sollen, die er mag. Die andere Liste konsultieren Sie, wenn er einfach – nun ja, nur ein Ehemann ist.

Was ein Ehemann mag

Frauen (besonders vor der Hochzeit)
Geräte
Ausreden
Fußball
Fernsehen
Entspannen
Daß alles seinen Gang geht
Entscheidungen treffen
Brieftaschen voller Geld
Die Überzeugung, er hätte alles im Griff
Routine

Fast Food
Bier
Den Tag nach Weihnachten oder Ihren Geburtstag
Dösen
Die Kinder (hauptsächlich, wenn sie brav sind)
Sex, immer und überall
Teure Autos
Große Häuser
Angeben
Vor allem mag es ein Ehemann, geliebt zu werden

Was ein Ehemann nicht mag

Sich irren
Einkaufen
Warten
Veränderungen
Klagen hören
Im Familienauto hinten sitzen
Aufgehalten werden
Ehefrauen, die sich Rasierapparate ausleihen
Hohe Rechnungen
Niedrige Rechnungen
Alle Arten von Rechnungen
Staubsaugen
Geschirrspülen
Den Mülleimer hinaustragen
Chefinnen

Schmutzige Windeln wechseln
Schlimmer Kinder
Schwiegermütter (manchmal)
Exehefrauen (immer)
Am allerwenigsten mag ein Ehemann Bücher über Ehemännner, so wie dieses hier.

Die verheiratete Kurtisane

Ehe und Kurtisane – eine unwahrscheinliche Kombination? Bedenken Sie – im Webster finden Sie unter »Kurtisane« die Erklärung: Prostituierte, bes. in Beziehungen zu hochrangigen oder reichen Männern.« Nun werden Sie fragen: »Was meinen Sie?« Nun ja . . .

Die Entstehung einer Kurtisane

Eine meiner College-Professorinnen glaubte, Ehefrauen und Kurtisanen hätten etwas gemeinsam. Diesem Gedanken widmete sie eines Tages den Großteil ihrer Vorlesung. Ich lachte und hielt sie für verrückt. Aber damals war ich noch nicht verheiratet.

Betrachten Sie die beiden Wörter, stellen Sie sie nebeneinander:

Ehefrau – Kurtisane

Sie wirken wie Gegensätze.

Die eine erscheint rein, unschuldig und mütterlich, die andere alles andere als rein, unschuldig und mütterlich. Vielleicht machen Sie sich's jetzt bequem, Sie werden interessante, eventuell schockierende Dinge erfahren.

Irgendwo an der Ostküste lebte ein sehr glücklich verheiratetes Paar. Seit Theresas und Eds Hochzeit waren schon einige Jahre verstrichen. Alles schien großartig zu klappen. Theresa ging nicht arbeiten. Sie war jung und hübsch, ihr Mann sehr beschäftigt, und im Büro stieg er auf der Erfolgsleiter stetig nach oben. Eine vielversprechende Zukunft lag vor ihnen.

Vor kurzem waren sie in ein neues Haus gezogen, in ein kleines – ihr erstes. Voller Stolz hatten sie ihr Eigenheim gekauft. Es befand sich in gutem Zustand, allerdings mußte einiges repariert und renoviert werden.

Nach kurzer Zeit im »Traumhaus« begann Theresa ein wenig auszuflippen. Verzweifelt versuchte sie, Sachen auszutauschen, mit denen sie nicht länger leben wollte. Dazu gehörten die rosa Metallküchenschränke, der Herd, dessen Zeitschaltuhr mit einem Gummiband zusammengehalten wurde. Dieses Gummiband war kein Provisorium, sondern ein Original, das vom Hersteller stammte und dessen Alter mindestens vierzig Jahre betrug. Und sie brannte darauf, die Wände zu streichen, beziehungsweise zu tapezieren.

Das Haushaltsbudget war begrenzt. Sie mußten den Kredit für das Haus abzahlen, die laufenden Kosten bestreiten, und dazu kamen natürlich noch die hohen Monatsraten für den neuen Wagen. Ed hielt sich streng an sein »Regelbuch« und paßte sich in allen Belangen dem Image des »sparsamen Haushaltsvorstands« an, wie Mr. Webster ihn definiert.

Er ermutigte seine Frau nicht, für irgend etwas Geld auszugeben. Auf seinem Gesicht bildeten sich puterrote Flecken, wenn er im Abfalleimer eine zerknüllte Einkaufstüte entdeckte. Bezüglich der Gegenstände, die eine solche Tüte enthalten haben mochte, nahm er seine Frau jedesmal ins Kreuzverhör.

Doch Theresas Entschlossenheit, das Haus in Ordnung zu bringen, wuchs und wuchs. Sie wurde ungeduldig. Jeden Abend, wenn Ed von der Arbeit nach Hause kam, eröffnete sie das Gespräch folgendermaßen: »Ich bitte dich, das Haus ist fast vierzig Jahre alt, und der Herd wurde nie ersetzt. Und die andere Kücheneinrichtung in diesem häßlichen Avocadogrün! Ich hasse sie, und wann immer ich diese Blumen sehe, die an den Badezimmerkacheln kleben, möchte ich mich übergeben.«

Sie war eine charakterstarke, einfallsreiche Frau, die im Haus bereits unzählige kostenlose Verbesserungen vorgenommen hatte.

Ed pflegte vom Fernseher aufzublicken und zu antworten: »Nein.« Er sah traurig aus, weil er seiner Frau einen Wunsch abschlagen mußte. Aber nicht traurig genug. »Das geht vorerst nicht. Wir haben kein Geld.«

Und da fragte sie nach dem »Club«. Warum behauptest du, wir hätten kein Geld – wo du doch diesem Fitneßclub beigetreten bist?«

Wenn das erwähnt wurde, fühlte sich Ed immer unbehaglich. Das merkte man, sobald man seine Beine beobachtete. Wann immer er mit gebeugten Knien dasaß, wippten sie – normalerweise langsam. Schnelle Zuckungen bedeuteten, daß er nahe daran war zu brüllen. Und wenn es ernsthaft losging (etwa sechzig Zuckungen pro Minute), mußte man mit Ärger rechnen.

Während seine Beine zwischen sechzig- und siebzigmal pro Minute wippten, erwiderte er ungehalten: »Ich gehe in den Fitneßclub, um etwas für meine Gesundheit zu tun, Liebling.«

Theresa schwieg und schenkte ihm nur ein liebevolles Lächeln – jenes, das besagte: In den nächsten Tagen wirst du dich sehr einsam fühlen, LIEBLING, und furchtbar unglücklich sein.

Eingeschüchtert von diesem Blick seiner Frau, fuhr Ed fort: »Du scheinst mein Einkommen und unseren komfortablen Lebensstil zu schätzen. Und ich brauche das Ausgleichstraining im Club. Oder willst du, daß ich einen Herzanfall erleide und tot umfalle? Im Augenblick können wir keinen Cent für dieses Haus ausgeben.«

Mehrere Monate verstrichen, und Ed blieb bei seiner Meinung. Wenn das Thema zur Sprache kam, hörte er seiner Frau kaum noch zu. Schließlich fand sie es besser, ihre Wunschliste zu kürzen, statt eine totale Niederlage hinzunehmen. Dieser Entschluß fiel ihr schwer, aber sie konnte einfach nicht mehr mit dem orangeroten, fleckigen Zottelteppich leben.

Als ihr Mann an diesem Abend heimkam, servierte sie ihm eine exzellente Mahlzeit. Alle seine Lieblingsspeisen. Die hatte sie sogar nach den Rezepten seiner Mutter zubereitet. Sie aßen, unterhielten sich und waren sehr glücklich, wie Ed glaubte. Nach dem Dinner ging er ins Nebenzimmer, um fernzusehen.

Theresa blieb in der Küche, um sauberzumachen. An diesem Abend bat sie ihn kein einziges Mal, ihr dabei zu helfen. Sie leerte sogar den Mülleimer. Dann sahen sie beide die Spätnachrichtensendung und suchten das Schlafzimmer auf. Ed schlüpfte aus dem Jackett und begann das Hemd aufzuknöpfen. Da schmiegte sich Theresa an ihn. Den Mund leicht geöffnet – nur ganz wenig, aber so, daß er es sah – begann sie ihn zu küssen, sein Gesicht, seinen Hals, sein Ohr. Und bei diesen zärtlichen Küssen streichelte sie ihn.

Bald erfüllte ihn so heftige Leidenschaft, daß er es nicht länger ertrug. Irgendwie mußte er seine Frau ins Bett bugsieren. Doch sie wich zurück – nur ein paar Zentimeter. (Wie wir alle wissen, können ein paar Zentimeter in solchen Situationen eine Meile bedeuten).

Er begehrte sie so sehr – und sie wußte es. »Liebling«, sagte sie.

»Ich hätte gern einen neuen Teppich fürs Wohnzimmer. Was meinst du?« wisperte sie, während ihr Körper ihn wieder berührte.

»Klar. Kauf morgen einen.«

Um das Ende der Geschichte zu erzählen – an diesem Abend liebten sie sich in wilder Glut –

und auch an vielen weiteren Abenden. Innerhalb von drei Monaten sah das Haus so aus, wie Theresa es immer erträumt hatte.

Wenn ich mich an jene Vorlesung meiner Professorin erinnere, erkenne ich nun, daß ich sie damals nicht ganz verstanden habe. Ich fand solche Gedanken sogar absurd. Aber da war ich noch nicht verheiratet. Und jetzt bin ich verheiratet. Ich weiß, was sie gemeint hat.

Sie glauben doch nicht, Theresa wäre die einzige Ehefrau, die sich so verhalten hätte?

Haben Sie sich jemals irgendwas sehnlichst gewünscht?

Einkaufen

Waren Sie schon mal am Tag vor Weihnachten, Ostern, etc., in einem Einkaufszentrum? Dort bietet sich ein bemerkenswerter Anblick. Überall sieht man Ehemänner. Das sind die Ehemänner, die bis zur letzten Minute gewartet haben …

Der kreative Einkäufer

Die Läden wimmeln von Ehemännern, die bis zur letzten Minute gewartet haben, um etwas für ihre Frauen zu kaufen. Es ist einfach unglaublich, so viele Ehemänner gleichzeitig an einem Ort anzutreffen. Das Gesicht eines solchen Mannes spiegelt nur dann Emotionen wider, wenn er in eine Herrenabteilung gerät und etwas für sich selbst entdeckt.

Ich könnte mir denken, daß diese Ehemänner die Verwirklichung aller Verkäuferinnen darstellen. Sie wandern umher, mit unsichtbaren Schildern am Hals, die nur Verkäufer beziehungsweise Verkäuferinnen und Ehefrauen lesen können.

Die Aufschrift lautet:

Ja, ich hasse Feiertage.

Ja, ich kaufe zu spät ein.

Ja, ich habe keine Ideen.
Ja, es wird ihr mißfallen.
Ja, ich bin ein Ehemann.

Ich finde, sie sehen so aus, als würde ein Atomkrieg unmittelbar bevorstehen. Sicher ist Ihnen diese besondere Miene, die ich meine, schon mal aufgefallen.

Diese Ehemänner okkupieren alle Bänke, alle Stühle in Schuhabteilungen, sogar alle Sessel in Wäscheläden. Ehemänner in Krisensituationen ... Und sie kaufen alles, was ihnen das Verkaufspersonal zeigt.

»Sie sagen, Ihre Frau ist so groß?« (Die Verkäuferin hält die Hand 1,65 m hoch.) »Und so dick? Und wieviel wiegt sie? Das müßte Größe 44 sein.«

Der Ehemann lächelt, kauft das Erstbeste, was es in Größe 44 gibt, und flüchtet aus dem Laden.

Zu Hause überreicht er seiner Frau voller Stolz das Geschenk. Sie packt es aus, beginnt zu weinen und gerät in Wut. »Ich weiß, ich habe ein bißchen zugenommen, Liebling, aber ich trage Größe 40.« (Ein Tip für Ehemänner – im Zweifelsfall kaufen Sie die Sachen eine Nummer kleiner.)

Jedenfalls wirken diese Ehemänner im Einkaufszentrum völlig verzweifelt. Gehen Sie doch mal vor dem Valentinstag in eine Parfumerie. Dort werden Sie fünf geöffnete Kassen sehen, und vor jeder stehen acht Ehemänner, alle den herzförmigen weißen Parfumflakon vom Sonderangebot in der Hand. Ihre Gesichter sind bleich und leblos. Mit diesem Mangel an Gefühlen ermuntern sie einander. In Ehemännerkreisen bedeutet diese ausdruckslose Miene: Ich weiß nicht, warum sie sich so aufregt, wenn ich erst in letzter Minute einkaufe. Das tun doch alle Ehemänner.

Wie glücklich können Sie werden?

Viele tausend Frauen werden Ihnen gratulieren, wenn Sie zu den Glücklichen zählen, deren Männer phantasievoll genug sind, um hübsche Geschenke auszusuchen. Sie sind sogar ein Genie, sollten Sie einen Ehemann gewählt haben, der tatsächlich ganz genau weiß, an welchen Tagen er Ihnen was schenken muß.

Diese Typen besitzen Seltenheitswert, und Sie dürfen stolz auf Ihren Kennerblick sein. Ihre Wünsche und die Termine, die Ihnen viel bedeuten, sind unauslöschlich in jenem Teil des männlichen Gehirns gespeichert, der sich normalerweise bei der Hochzeit in nichts auflöst.

Und falls Sie keinen so wunderbaren Ehemann haben, betrachtet er Sie vielleicht nicht mehr als Frau, sondern als Ehefrau.

In der Kindheit ließ er sich von Dad Lektionen erteilen. Entsinnen Sie sich, wie Ihr Vater sagte, Ihre Mutter brauche nichts? Sie habe alles, was sie sich wünsche. Und auf der großen weiten Welt gebe es nichts, was Ihre Mutter begehre. Bedenken Sie doch, wie glücklich unsere Moms waren, wenn sie jeden Abend das Essen für uns kochen durften. Das wurde zumindest von den Dads beteuert.

Haben Sie June oder Donna jemals um irgend etwas bitten hören?

Wissen Sie noch, wie oft Sie sich am Geburtstag Ihrer Mutter überschlagen mußten, um irgendwas zu arrangieren? Erinnern Sie sich, wie Sie Ihren Vater (Moms Mann) im Büro anriefen, um ihn auf Moms Geburtstag hinzuweisen?

Es ist erstaunlich, welch geringen Wert unsere Mütter auf Geschenke legten. Wir müssen wirklich selbstsüchtig sein, sogar habgierig. Das könnte eine Auswirkung der siebziger und achtziger Jahre sein, denn alle Ehefrauen, die ich kenne, bekommen gern Geschenke.

Jedenfalls, so sehr wir Geschenke auch lieben – unsere Männer vergessen sie meistens.

Offenbar wird ihr Gedächtnis ständig bis zum äußersten Limit beansprucht. Es spielt keine Rolle, welche Berufe sie ausüben oder wieviel Geld sie verdienen – in diesem Punkt gleichen sich ziemlich viele – sie denken einfach nicht dran.

Wie Sie wissen, wären sie am Boden zerstört, sollten wir jemals ihre Geburtstage vergessen. Sie lieben diese besonderen Dinge, die wir für sie tun. Ehemänner sind entzückt, wenn man an sie denkt, und sie hören gern, wie wunderbar sie sind.

Wenn Sie sich vorteilhaft über Ihren Mann äußern, wird er es immer glauben. Er wird es im Gedächtnis behalten und zu einem späteren Zeitpunkt zitieren. Einem Ehemann muß man zugestehen, sich an alle netten Dinge zu erinnern, die Sie ihm sagen. Das wird übrigens von seinem »Regelbuch« verlangt.

Und jetzt ist er dran ...

Christine und Mark waren schon viele Jahre verheiratet – so viele, daß er nicht mehr genau weiß, wie lange. Wieder einmal rückte der Hochzeitstag näher. Mark kam es so vor, als würden die Jahre immer kürzer. Er konnte es kaum fassen – schon wieder waren dreihundertfünfundsechzig Tage vergangen. Er schaute sogar im Kalender nach, um festzustellen, ob Christine wirklich recht hatte. Komisch, wie die Zeit verfliegt, wenn das Leben Spaß macht ...

In diesem Jahr beschloß Christine, ihm die schwierige Pflicht zu erleichtern, indem sie eine Liste aufstellte. Sie gab ihm alle nötigen Informationen.

Und so erhielt er ihre Wunschliste. Neben jedem Punkt war detailliert vermerkt, wo man den betreffenden Gegenstand erwerben konnte. In ihrer Präzision hatte Christine sogar hinzugefügt, wo in welcher Kaufhausabteilung dies oder jenes zu finden war.

Der große Tag dämmerte herauf, und sie

freute sich so. Endlich würde Mark ihr etwas schenken – etwas, das sie wirklich brauchte. Er hatte ja die Liste.

An diesem Abend kam er kurz nach ihr heim. Sie rannte hin und her, um sich für das geplante Dinner in einem Restaurant vorzubereiten. Immerhin gehörte es zur Tradition, bei besonderen Gelegenheiten auszugehen. Vor ein paar Tagen in der Mittagspause hatte Mark den Tisch bestellt. Es sollte ein besonderer Abend werden, und er hatte alles organisiert.

Grinsend betrat er das Haus, hochzufrieden mit seiner eigenen Person, weil er an den Hochzeitstag gedacht hatte. Er stolzierte zu Christine, mit jenem aufrechten Gang, den Ehemänner an sich haben. Selbstgefällig strahlte er übers ganze Gesicht, als er sich hinabbeugte, um sie zu küssen. Es war ein langer, feuchter Kuß, sehr romantisch.

»Alles Gute zum Hochzeitstag«, sagte er.

Zunächst wußte Christine vor lauter Glück keine Antwort. Das genügte ihr beinahe schon. Sie war nicht einmal sicher, ob sie überhaupt noch ein Geschenk brauchte. Natürlich lag es ihr fern, es zurückzuweisen. Mark griff in die Tasche und zog einen kleinen Umschlag hervor, den er seiner Frau überreichte, das breite Grinsen immer noch im Gesicht festgeklebt. Oh, wie stolz er war! So gute Ehemänner wie ihn gab es nur selten. Er beobachtete, wie sie das Kuvert öffnete und die hübsche Karte herausnahm. Die zeigte ein Paar, das sich umarmte, und darunter prangten passende Worte. »In Liebe, Dein Mann.« Christine mußte doch dran erinnert werden, daß er nicht der Mann ihrer Nachbarin war.

Ihr Blick glitt über die Karte. Ganz unten hatte er, in seiner eigenen Handschrift, dazugekritzelt: »Dieser Gutschein berechtigt Dich, etwas zu kaufen, das auf Deiner Liste steht. Ich liebe Dich.«

Sie hob den Kopf. »Danke.«

Später, nach ein bis zwei Drinks, fragte Christine in möglichst nettem Ton, warum er ihr nicht irgendwas von der Wunschliste gekauft hatte.

»Ganz einfach. Dieses Jahr wollte ich, daß du was ganz Besonderes bekommst ... Und ich hab doch keinen Geschmack. Dieses Jahr sollst du echte Freude an deinem Geschenk haben.« Dann warf er ihr diesen speziellen Schuljungenblick zu und gestand: »Außerdem habe ich die Liste verloren.«

Eine genetische Erklärung (oder Ausrede?) für das Verhalten von Ehemännern

Carol ist ein wundervoller Mensch – wohlerzogen, eine hervorragende Ehefrau und Mutter, zudem sehr arbeitsam. Sie gab eine genetische Erklärung dafür ab, warum Ehemänner so sind, wie sie sind. Und sie glaubt, es läge nicht nur an dem mysteriösen Regelbuch, daß sich so viele Ehemänner gleichen.

Die Erklärung, die Carol dafür gefunden hat, ist ziemlich simpel, offensichtlich und durchaus glaubwürdig. Immerhin muß es ja irgendeine Erklärung dafür geben, warum es Ehemännern so schwer fällt, sich zu ändern.

Nach Carols Ansicht sind Ehemänner jahrzehntelang auf der Suche gewesen. Diese Erklärung wird viele Ehemänner von vergangenen, gegenwärtigen und zukünftigen Handlungsweisen – oder Handlungsunfähigkeiten – erlösen.

Die einfache Erklärung lautet folgendermaßen:

Ehefrauen haben zwei X-Chromosomen,
Ehemänner haben ein X- und ein Y-Chromosom.

Studieren Sie eingehend die Chromosomen des Ehemanns:

XY

Und dann unterziehen Sie das unterschiedliche Chromosom einer eingehenden Betrachtung:

Y

Merken Sie's? Klar. Das Y-Chromosom ist nur ein unvollkommenes X!

Das ist die schlichte Erklärung. Deshalb sind Ehemänner so, wie sie sind. Deshalb geschehen all diese Dinge auf ganz natürliche Weise, so wie wir Frauen atmen.

Denken Sie an das Y . . .

Und nun stellen Sie sich vor, wie das Leben wäre, wenn nur die Ehemänner zwei vollständige Chromosomen hätten!

WARNUNG: Hüten Sie sich davor, Ihren Mann auf diese biologische Tatsache hinzuweisen. Die Information könnte gefährlich werden, wenn sie in die falschen Hände geriete – vor allem, wenn es sich um einen Ehemann handelt, der ständig nach Ausreden sucht. Wie Sie wissen, läßt sich nicht bestreiten, daß Ehemänner dauernd Ausreden gebrauchen, um sich gegen die Klagen ihrer Frauen zu verteidigen . . .

»Ich hab's vergessen.«

»Das wollte ich nicht sagen (oder tun).«

»Ich könnte es nicht tun.«

»Tut mir leid, ich konnte nichts dagegen machen.«

»Ich wußte nicht, wie spät es war.«

Et cetera ...

Überlegen Sie doch, wie ein Ehemann die oben erwähnte genetische Information ausnutzen könnte. Er müßte nicht mehr mühsam Entschuldigungsgründe für seine Fehler erfinden. Eine schlichte Erläuterung würde genügen: ICH KANN ES NICHT ÄNDERN, ICH HABE EIN DEFEKTES X-CHROMOSOM! Komplizierte Erklärungen oder die Versuche hilfsbereiter Leute, plausible Geschichten zu ersinnen, wären überflüssig. Die oben zitierten simplen Worte würden jede Diskussion beenden.

Die genetische Information, im Gehirn Ihres Mannes gespeichert, könnte alle Ihre Anstrengungen, ihn zu motivieren, restlos untergraben. Wie würden Sie denn auf die folgenden Bemerkungen reagieren?

»Laß mich in Ruhe, mein defektes Chromosom macht mir zu schaffen.«

»Nörgle nicht an mir herum, mein ...«

»Ich muß mich ausruhen, mein ...«

»Bring die Kinder weg, mein ...«

»Laß mich das Fußballspiel im TV sehen, mein ...«

Sicher haben Sie's jetzt begriffen. Niemals dürfen Sie Ihrem Mann verraten, daß es eine einleuchtende Erklärung für seine Probleme gibt. Fahren Sie einfach fort, mit ihm zu arbeiten, und treiben Sie ihn an die äußersten Grenzen seiner Fähigkeiten.

Autos

In gewissen Belangen sind Ehemänner unschlagbar. Fangen wir mit Autos an. Gibt es irgend etwas, das sich mit ihrer Zuneigung zu ihren Autos vergleichen läßt? Ich bezweifle es. Ein Ehemann mag sein Auto so wie seine Frau ihr Heim. Ich erkenne da nur einen einzigen Unterschied. In Häusern wohnt man, in Autos fährt man herum.

Was befindet sich auf vier Rädern?

Schauen wir mal rasch hinein . . .

VW-Käfer

– Ehemänner, die diesen Wagen fahren, sind nostalgisch.
– Sie sind warmherzig und feinfühlig.
– Sie können sich von nichts trennen.
– Sie lieben den Geruch aller VW-Käfer.
– Sie lieben alles an ihrem Auto, sogar die Rostflecken.
– Der VW-Ehemann ist entweder durchschnittlich oder ein Freigeist.

Keine Bange, ein Mann, der ein Auto so lange behält, wird es wohl kaum gegen eine neue Frau eintauschen.

Kombi

– Diesem Ehemann ist es im Grunde egal, was er fährt.
– Welcher Ehemann sucht sich schon einen Familienlieferwagen aus, falls er die Freiheit der Wahl hat?
– Ein Ehemann fühlt sich nicht allzu cool, wenn er im Familienlieferwagen herumfährt.
– Garfield klebt an der Windschutzscheibe.

Aber wenn es ein schicker Lieferwagen mit Vorhängen und Betten ist . . .

Kleinlaster

– Dieser Ehemann liebt sein Vehikel.
– Es erweckt Ehrfurcht.
– Es hat große Scheinwerfer.
– Es hat große Reifen.
– Der Fahrer fühlt sich ganz toll, wenn er so hoch oben sitzt.
– Er wollte schon immer so einen Wagen haben.

Bedenken Sie – mit einem Kleinlaster kann er anderen Frauen nicht imponieren.

Mercedes

– Weißer Kragen
– Steifer Kragen

– Vermutlich sogar gestärktes Hemd
– Er will das Beste von allem – und oft kriegt er es auch.

Meistens sind solche Ehemänner verläßlich – vielleicht weil sie fürchten, zuviel zu verlieren, wenn sie ihre Frauen verlieren.

Motorrad

– Dieser Ehemann liebt seine Freiheit.
– Er ist gern unterwegs.
– Der Wind bläst ihm ins Gesicht.
– Cool
– Schneller
– Tollkühn
– Auf Hochtouren
– Riskant

Es gibt keinen Ort, wo dieser Ehemann nicht aus sich herausgehen würde.

BMW/Volvo

– Ein Yuppie
– Rot, schwarz, blau oder weiß
– Eine Farbenwahl, die dem Geschmack der ältesten Gruppe von Babyaufsteigern entspricht.
– Ein Ehemann, der solche Pferdestärken fährt, arbeitet hart – um die Raten fürs Auto zu bezahlen.

– Ein Fahrzeug für einen Yuppie, der seine jungen Hunde darin transportiert.

Honda/Toyota

– Konservativ
– Praktisch
– Verläßlich
– Zuverlässig
– Vernünftig
– Berechenbar

So ein Ehemann scheint seinem Auto zu gleichen.

Ferrari

– Teuer
– Vielleicht nur ein Traum
– Tom Selleck sah in diesem Wagen phantastisch aus.
– Ehemänner (und Ehefrauen) wissen, daß das Fahren eines solchen Autos für die meisten Leute ins Reich der Träume gehört.
– Wahrscheinlich ist das gut so.

Immerhin gibt es nur einen echten Marlboro-Mann.

Limousine – extrem lang

– Ein Ehemann mietet sie gern.
– Es gefällt ihm, wenn die Nachbarn ihn darin sehen.
– Es gefällt ihm, wenn die ganze Welt ihn darin sieht.
– Es ist das Allergrößte.
– Dieses Auto erinnert ihn an seinen ersten Studentenball.
– Lang
– Länger

Vergessen Sie nicht – Ehemänner lieben große Dinge.

Kabrio

– Dieser Ehemann kann sich nicht von seiner Jugend trennen.
– Er liebt es, auf den gewissen Knopf zu drükken und zu beobachten, wie das Dach aufgeklappt wird.
– Er fährt oft mit Sonnenbrille.
– Das Radio plärrt.
– Er glaubt, er sieht zehn Jahre jünger aus.

Glauben Sie auch, daß er zehn Jahre jünger aussieht?

Jeep

– Dieser Ehemann ist ein Frischluftfanatiker.
– Vielleicht lebt er in der Stadt.
– Aber er sehnt sich nach dem Land.

Fahrrad

– Sparsam
– Sportlich
– Gesund
– Umweltschützer
– Stark
– Stärker
– Ißt Vollwertkost
– Schläft gut
– Reist mit leichtem Gepäck
– Gesunder Geist
– Gesunder Körper

Erinnerungen

Es ist unglaublich, wozu ein Ehemann imstande ist und was er tut, wenn es um die Pflege seines Autos geht. Er ist unfähig, irgend etwas zu lernen, was mit dem Haushalt zusammenhängt – kochen, staubsaugen, die Waschmaschine einschalten, einkaufen. Aber irgendwie lernt er, sein Auto zu frisieren, zu reparieren, darin staubzusaugen und – am allerschlimmsten – es zu waschen.

Wenn ein Ehemann loszieht, um Utensilien für die Autopflege zu erstehen, beweist er, was für ein grandioser Einkäufer er ist. Können Sie sich vorstellen, dreißig Minuten für die Entscheidung zu benötigen, welches Wachs sich am besten für Ihr Auto eignen würde? Weiches, hartes, flüssiges oder pastenförmiges Wachs? Ein Lappen, ein Schwamm – wen interessiert das schon?

Um eine schäbige kleine Wachsdose auszusuchen, braucht er länger als für die Auswahl sämtlicher Geschenke, die er Ihnen während des ganzen Ehelebens überreicht.

Man sollte meinen, das Auto wäre wirklich wichtig für einen Ehemann, und das ist es auch. Das Auto stellt für einen Mann die vorübergehende Befreiung vom ehelichen Alltag dar, das Bindeglied zum Junggesellendasein.

Wenn er an sein Auto denkt, erinnert er sich an die wilden, verrückten Sexy-Zeiten, die jetzt in allzu weiter Ferne liegen. Er entsinnt sich, wie er mit gellendem Radio durch seine Stadt gefahren ist.

Er sah so cool aus, so heiß – zu heiß, wenn Sie mich fragen.

Da saß er, den Sitz weit nach hinten gedrückt, die Beine lang ausgestreckt, um die Pedale zu erreichen, die Arme so weit vorgereckt, daß zehn Mädchen auf seinem Schoß Platz gefunden hätten. Das Fenster war wenigstens teilweise herabgekurbelt, damit jeder die Radiomusik hören konnte. Je lauter die Musik, desto cooler der Kerl am Steuer.

Wo kriegen die Typen bloß all diese irren Ideen her?

Es macht absolut keinen Unterschied, welches Auto er fährt. Es ist sein Auto, und er hat ein bißchen Freiheit – nur das zählt. Er folgt der Hauptstraße, bis er sein Mädchen sieht. Sobald er sie entdeckt hat, beginnt der Kopf ganz leicht auf und ab zu wippen. Die Finger, bisher locker auf dem Lenkrad, fangen zu trommeln an. Nichts macht einen Jungen so heiß wie ein Auto, abgesehen vom erforderlichen Kondom in seiner Brieftasche.

Diese Gegenstände verwandeln Mommies kleine Jungs allmählich in unsere Ehemänner.

Bedenken Sie – ein Auto bedeutet alles für einen Ehemann. Es speichert seine Lebenserinnerungen. Normalerweise diente es auch als Schauplatz seiner ersten sexuellen Erfahrungen. Da trieb er es zum erstenmal, zusammengekrümmt, die Hose um die Fußknöchel. Irgendwie schaffte er es.

Und es war vollkommen.

Nicht alle Ehemänner wissen noch, mit wem sie's damals getan haben, aber das spielt auch gar keine Rolle. Die meisten erinnern sich nur, daß es passiert ist, und zwar im Auto, und es war phantastisch.

Kein Ehemann vergißt dieses Erlebnis. Und

deshalb nimmt er sein Auto so wichtig. Nähme man ihm sein Auto weg oder entzöge man ihm das Recht, es zu fahren, würde man ihn seiner Sexualität berauben. Nie wird er sich von seinem Auto trennen. Darin hat er zu hart und zu mühsam gekämpft, um seine Jungfräulichkeit zu verlieren, und deshalb wird er diese Erinnerung stets bewahren.

Aber jetzt, wo Ihr Mann mit Ihnen verheiratet ist, genügt es ihm, am Wochenende das Auto zu waschen. Und dabei kehren jene Erinnerungen zurück.

Deshalb wählt er das teuerste Wachs für die Autopflege. Für seinen blechernen Augapfel gibt er eine Menge Geld aus. Und um ihn zu waschen, braucht er doppelt so lange, wie es nötig wäre. Denn je länger er das Auto wäscht, desto länger kann er in Tagträumen und Erinnerungen versinken.

Er hat die ganze Pflege sogar zu einer Wissenschaft entwickelt.

Wußten Sie, daß man ein Auto an einem sonnigen Tag vor zehn und nach sechzehn Uhr waschen soll? (Ich wollte das nur erwähnen, falls es Sie interessiert.)

Wenn man es nämlich zwischen diesen Uhrzeiten wäscht, könnten Wasserflecken entstehen. Können Sie sich ausmalen, wie peinlich es wäre, wenn Ihr Nachbar Sie in einem Auto mit Wasserflecken herumfahren sähe?

Das Innere eines Autos

Scott und Joan unternahmen einen wunderbaren Wochenendausflug in die Berge. Als sie von der Reise zurückkehrten, war Scott ein bißchen mürrisch. Es paßte ihm nicht, daß sie soviel Schokoladen- und Bonbonpapierchen am Boden verstreut hatte.

Es war schon spät am Abend, aber er erklärte, er könne nicht bis zum nächsten Morgen warten, um das Auto sauberzumachen. Dieses Chaos treibe ihn in den Wahnsinn. Joan ging ins Bett, während Scott das Auto zu reinigen begann ...

Das Innenleben eines Autos ist wirklich ein Problem. Erstens mußte Scott überall Staub wischen. Zweitens mußte er all die Papierchen vom Boden aufsammeln. Nun kam die Politur dran. Schließlich glänzte alles spiegelblank, sogar der Knauf vom Schalthebel. Hätte Joan das gewußt, hätte sie in dieser Nacht noch besser geschlafen, meinen Sie nicht auch?

Zuletzt wird im Auto staubgesaugt. Auf diese Weise kann man alle Staubkörnchen, die sich irgendwo niedergelassen haben, mühelos entfernen. An diesem Punkt werden Ehemänner oft verrückt. Scott bildete da keine Ausnahme.

Das Staubsaugerkabel ist niemals lang genug, und man muß sich unglaublich anstrengen, um den Stecker immer wieder in die Dose zu rammen. Das nächste Problem entsteht, wenn sich dieses »verdammte« Kabel verheddert. Ständig muß man die Arbeit unterbrechen, um es zu entwirren.

Soviel Mühe – und nur, um zum Arbeitsplatz und wieder nach Hause zu fahren ...

Aber eins sollten Sie bedenken – wenn ein Ehemann sein Auto steuert, begleiten ihn die Erinnerungen, auch wenn ihm das vielleicht gar nicht bewußt ist. Sicher hätten Sie allen Grund, skeptisch zu werden, wenn er mehrere Meilen zurücklegen muß, um seinen Arbeitsplatz zu erreichen. Dann nehmen die Erinnerungen eine Sonderstellung in seinem Leben ein.

Das Auto eines Ehemanns kann nur unter Androhung der Todesstrafe von der Familie benutzt werden. Die Kinder fahren in Moms Wagen zur Schule. Ein Glück für Mom, nicht wahr?

Haben Sie schon mal diese Aufkleber gesehen – »Moms Taxi«?

Haben Sie einen einzigen Aufkleber mit der Aufschrift »Dads Taxi« entdeckt?

Sie glauben doch nicht, eine Mom hätte diese »Moms Taxi«-Aufkleber entworfen?

Fahrkünste

Ein Ehemann wäscht sein Auto nicht nur, er genießt es auch, damit zu fahren. Ganz schnell! Je schneller, desto besser. Haben Sie sich jemals gefragt, warum Ihr Mann ein so ausgezeichneter

Fahrer ist, während ringsum nur Verrückte am Steuer sitzen?

Und freuen Sie sich nicht insgeheim, wenn folgendes passiert? Ihr Mann legt seine vollendeten Autofahrermanieren an den Tag und schreit: »Paß auf, du dumme Kuh!« Dann fährt er neben den Wagen der dummen Kuh, um ihr einen vernichtenden Blick zuzuwerfen, und sieht einen anderen Ehemann.

Spaß mit den Jungs

Die »Jungs« genießen immer noch ihren freien Abend.

Alte Zeiten werden wach

Für die Existenz jedes Ehemanns ist die Zeit, die er mit seinen alten Kumpeln verbringen kann, ein besonders kritischer Punkt. Diese Kumpels sind oft dieselben, mit denen er sich in der Kindheit herumgetrieben hat.

Mit dreizehn versteckten sie sich mit gestohlenen Zigarren und Zigaretten im Wald und pafften sich die kleinen Herzen aus dem Leib. Sie qualmten und qualmten, bis ihnen schlecht wurde.

Mit vierzehn maß einer am anderen ab, was wie groß und wie lang war.

Sie maßen alles, denn sie mußten ganz genau wissen, wer die größeren, härteren, stärkeren Muskeln hatte.

Mit fünfzehn unternahmen sie eine Sauftour – die erste, aber sicher nicht die letzte. Das war ihre erste echte Begegnung mit Alkohol. Sie probierten alles aus, stellten fest, was ihnen schmeckte und was nicht, und brachten es fertig, alle Gläser im Rekordtempo zu leeren. Wie die wilden Tiere tobten sie im Haus des glücklichen Jungen herum, dessen Eltern übers Wochenende verreist waren. Und sie hielten sich für ungeheuer schlau, weil sie die Flaschen mit Wasser auffüllten.

Dann wurden sie siebzehn – das magische Jahr für die Clique. Da begannen die geheimen Gemeinsamkeiten erst richtig. In diesem Jahr verloren sie alle ihre Unschuld.

Natürlich getrennt.

Tagelang gab der eine vor dem anderen an. Sie verglichen alle kleinsten Details jener Nacht im Auto. Sie verglichen die Mädchen miteinander, jeden Atemzug, den sie zu diesem oder jenem bestimmten Zeitpunkt getan hatten. Alles besprachen sie miteinander, was die Mädchen als heilige Intimitäten betrachteten. Aber für diese siebzehnjährigen Jungs waren die Geschichten, die sie einander nachher erzählen konnten, das Beste an dem ganzen Ereignis.

Diese Kumpels gehören zur Biographie des Ehemanns; sie wissen alles und noch mehr. Für gewöhnlich wissen sie schon, was er denkt, ehe es ihm selbst bewußt wird. Das sind die Freunde, die ihn zu den verrücktesten Dingen verleiten können.

Sie gaben auch die letzte Junggesellenparty für ihn – jenes Fest, wo es ziemlich wild zuging, wo alles außer Rand und Band geriet, von dem Sie niemals alle Einzelheiten erfahren sollten.

Sie wissen, wo er wirklich war, als er am Anfang Ihrer Liebesbeziehung wegfahren mußte, um seine Kusine, seine Tante, seine Großmutter zu besuchen. Er erklärte, die arme Großmutter liege im Sterben. Später fanden Sie heraus, daß die Frau achtundvierzig war, ein Kabrio fuhr und auf Platz drei der regionalen Tennnisliste stand.

Diese sogenannten Freunde halten den Schlüssel in Händen, der das Tier im Ehemann verschließt – jene Seite seines Wesens, die er sorgsam hütet – in der Hoffnung, eines Tages könnte sie zu neuem Leben erweckt werden . . .

Mike hat oft Überstunden gemacht. Nun beklagt er sich über alles Erdenkliche. Seine Frau Tracey meint, er solle sich mal wieder eine Abwechslung gönnen. »Triff dich doch mit den Jungs«, schlägt sie vor, weil sie glaubt, das würde ihm helfen.

Er ist ihr bereits um einen Schritt voraus. Heute nach Büroschluß wird er die Jungs sehen. »Nur ein kleines Bier«, verspricht er, gibt ihr einen Abschiedskuß und geht.

Nach der Arbeit kommt Tracey nach Hause und bereitet ihr Abendessen vor. Vor Mikes Ankunft möchte sie ein langes, entspannendes Bad nehmen. Sie genießt die Ruhe, die Einsamkeit. Zum ersten Mal seit der Hochzeit ist niemand da, der mit ihr baden will!

Inzwischen sitzt er mit seinen Kumpels an der Theke, und sie bestellen die fünfte Runde Bier.

Die Säfte beginnen zu fließen, alle fühlen sich wohl in diesem Kreis und sind sozusagen in ihrem Element. Angesichts ihres Verhaltens sollte man meinen, die Ehe hätte sie aller Freuden beraubt, die der gesellschaftliche Umgang bietet.

Natürlich hat die Ehe nichts damit zu tun. Sie benehmen sich einfach nur so wie vor der Hochzeit. Die erste Kellnerin haben sie schon in die Flucht geschlagen. Auch dem neuen Kellner fallen die albernen Possen ein bißchen auf die Nerven. Die Music-Box plärrt all die schönen alten Songs. Die hörten sie früher in der High-School nach den Football-Spielen in der Garderobe. Diese Musik paßte zu ihnen, weil sie die coolste Clique in der Schule waren, die Siegertypen, die den Ball immer hinter die gegnerische Torlinie brachten und niemals Gegentore einstecken mußten. Sie trugen die Verantwortung für den Ruf ihrer Heimatstadt – zumindest glaubten sie das. Was für tolle Kerle sie damals waren ... Alle kannten sie, alle schienen sie zu mögen.

Nachdem sie die Stadt verlassen hatten, um ihren Horizont zu erweitern, änderten sich die Dinge. Da waren sie nicht mehr so großartig; es überraschte sie sogar, wie gut sie sich all den gewöhnlichen Leuten anpaßten.

Aber dieser Abend gehört wieder ihnen, so wie in den guten alten Zeiten. Jeder in der Kneipe nimmt ihre Anwesenheit wahr. Das wissen sie, und es gefällt ihnen. Und sie amüsieren sich so köstlich, daß sie nicht erkennen, warum sie angestarrt werden. Die allgemeine Aufmerksamkeit schmeichelt ihnen, die Ursache dieser Blicke interessiert sie nicht.

Alle gehen aus sich heraus, erinnern sich an magische Momente, mit geradezu beängstigender Deutlichkeit.

Ein Ehemann liebt es, an die alten Tage zurückzudenken.

Beinahe entsteht der Eindruck, die Freunde hätten die Geschichten einstudiert, die sie einander erzählen. Ich glaube, wenn man dieselbe Story immer wiederholt, gewinnt sie ein neues Leben. Von der Existenz dieser magischen Augenblicke im Leben eines Ehemanns weiß seine Frau nichts. Und manchmal existieren solche Augenblicke nur für die Clique.

Es gab Zeiten, wo Mike noch ein lebenslustiger Single war. In den Tagen, bevor Tracey in sein Leben trat. Davon kann er ihr nichts erzählen, weil es schon so lange her ist – und so unbedeutend, daß er's vergessen hat.

Eins müssen Sie bedenken – als er seine spätere Frau kennenlernte, wurde alles andere unwichtig. Seine Vergangenheit verschwand in ereignislosem Nebel, abgesehen von den sportlichen Höhepunkten. Er erwähnt nicht viel außer gewissen belanglosen Dingen – zum Beispiel jenen Zwischenfall, wo seine Mutter böse wurde, weil er ihr widersprach.

Die Kumpels kichern über diese Geschichten, sie grölen vor Begeisterung. So glücklich waren sie schon lange nicht mehr – seit dem letzten schnellen gemeinsamen Bier nicht mehr.

Nun werden die »Hasen« in der Kneipe taxiert. Selbst den bravsten Ehemann hört man gelegentlich sagen: »Der müßte man's mal besorgen.«

Gewissenhaft schauen sie sich um und inspizieren jede Frau in der Bar. Mit Augen und Worten ziehen sie alle aus. Das macht ihnen Spaß. Und sie vergnügen sich, ohne jemals mit diesen Damen zu reden.

Immerhin sind sie verheiratet, und alle wissen, welches Verhalten man akzeptieren kann und welches nicht.

Diese Ehemänner wissen alles über sämtliche Frauen, die in der Bar sitzen. Wie der BH aussieht – ob er wattiert ist, ob er ohne diese Stäbchen auskommt. Sie wissen Bescheid über die Strümpfe, das Parfum, und sie wissen sogar, welche Frau Unterwäsche trägt und welche nicht. Falls sie überzeugt sind, daß diese oder jene Unterwäsche anhat, kennen sie den modischen Stil, die Größe, die Farbe, und sie wissen sogar, wo die einzelnen Stücke gekauft wurden.

Diese Clique behauptet, keine Frau würde jemals ihre Unterwäsche selbst kaufen. Die läßt sie sich von einem Mann schenken. Finden Sie das nicht interessant?

Kennen Sie einen Ehemann, der Dessous für seine Frau kauft? Das wäre ihm viel zu peinlich. Jemand könnte ihn beobachten. Es ist einfach nicht cool, Unterwäsche für die eigene Frau zu kaufen.

Ehemänner ordnen ihre Frauen nicht derselben Kategorie zu, der die weiblichen Gäste in der Kneipe angehören. Irgendwie sind Ehefrauen anders – vielleicht besser.

Wenn alle Regeln eingehalten werden, kann ein Ehemann leicht vergessen, daß auch seine Gemahlin eine Frau ist.

Das stimmt. Haben Sie es niemals seltsam gefunden, daß ein Ehemannn seine Mutter für ein Neutrum hält? Er glaubt, sie hätte keine sexuelle Identität. Mütter sind keine Frauen. Niemals würde er es wagen, über seine Mutter so zu reden wie über die Frauen in der Bar.

Und seine Mutter wäre auch niemals in eine Bar gegangen!

Diese Frauen in der Kneipe sind anders; die besitzen keine Identität, abgesehen von der Tatsache, daß sie zum weiblichen Geschlecht zählen. Die Ehemänner, die diese »Hasen« anstarren, glauben, alles über sie zu wissen, ihre sexuellen Wünsche und Abneigungen zu kennen.

Und was am wichtigsten ist – sie wissen, was sie mit diesen Frauen tun würden, wenn sich eine Gelegenheit ergäbe.

Sie wissen auch, wie sie's tun und wie die Frauen reagieren würden. Denn sie können Gedanken lesen. In ihren Träumen behalten sie immer recht. Sie sind großartige Ehemänner, Väter und Söhne – und ebenso großartige Liebhaber.

Ich finde, wir alle haben das Recht, in unseren Träumen großartig zu sein.

Inzwischen sitzt die Clique an einem Tisch voller leerer Bierflaschen. Versehentlich haben die Jungs ein paar Gläser zerbrochen, aber keiner will den Tisch abräumen. Und den Tisch wechseln – das wäre genauso, als würde man einem Zehnjährigen ein *Playboy*-Heft wegnehmen.

Gewisse Dinge läßt man lieber stehen und liegen. Die Ehemänner bestärken einander in diesem Benehmen. Je lebhafter sie werden, desto fester halten sie zusammen. Während sie sich kichernd mit den Ellbogen anstoßen, erzählen sie Phantasiegeschichten.

Die letzte Runde wird bestellt. Endlich sind sie alle ganz entspannt und fühlen sich wundervoll.

Als sie aufstehen, straffen sie die Schultern und lachen nicht mehr so laut. An die Kellnerin, die sie zuvor verscheucht haben, verlieren sie kein Wort.

Ruhig und gelassen kehrt jeder in sein eigenes Leben zurück, steigt ins Auto, zweifelt nicht an seiner Fahrtüchtigkeit, gibt Gas und hofft, daheim einzutreffen, ehe seine Frau einschläft.

Da wir vorhin von Tieren sprachen . . .

Ich wette, Sie gehören zu den Glücklichen. Sicher haben Sie sich einen Burschen ausgesucht, von dem jemand abhängig ist. Nein, ich meine keine Kinder aus einer früheren Ehe – das wäre einfach. Ich meine den Hund, der bei ihm lebt. Der gehört zum Reifungsprozeß Ihres Mannes.

Anfangs war Brian so froh, dem Elternhaus endlich entronnen zu sein, den Brüdern und Schwestern. Oh, wie liebte er den Frieden und die Stille. Doch als der Reifungsprozeß fortschritt, dachte er, nun wäre es an der Zeit, seinem Dasein etwas mehr Inhalt zu geben. Immerhin hatten Mom und Dad vorgeschlagen, er solle erwachsener und häuslicher werden. Er wollte sie nicht enttäuschen. Und so eilte er zum Tierschutzverein und rettete, was eine wichtige Rolle in seinem neuen Leben spielen sollte.

Ich wette, er hielt das Mädchen zum Narren. Wenn er mit ihr ausging, blieb der Hund im Apartment. Das soll keineswegs heißen, daß das Tier niemals mitkam. Aber manchmal waren Brian und Margaret allein. Dies gehörte zu dem grandiosen Plan, an dem der spätere Ehemann arbeitete.

Erst nach der Hochzeit begann Margaret zu erkennen, welche Ansprüche dieser wunderbare Hund namens Sly stellte. Zunächst staunte sie, weil er nach dem Dinner den Teller ihres Mannes ableckte. Es fiel ihr auch schwer, sich daran zu gewöhnen, Sly morgens zwischen sich und Brian im Bett zu finden. Eine Zunge fuhr über ihr Gesicht, übelriechender Atem wärmte sie. Der Atem von Hunden stinkt immer, aber morgens ist es am allerschlimmsten.

Sly hatte alles, was ein Hund sich nur wünschen konnte. Er wurde gut ernährt, regelmäßig zum Tierarzt gebracht, bekam Leber, wann immer es Sonderangebote gab, und besaß ein komfortables Bett – das Ehebett. Außerdem genoß er die ständige Gesellschaft Brians.

Eines Abends beschloß sie, ihrem Mann und Sly entgegenzuwandern, die gerade einen Spaziergang unternahmen. Als sie das Haus verließ, sah sie Brian mit mehreren Kindern Frisbee spielen.

Sly stand im Mittelpunkt der Ereignisse und amüsierte sie alle. Voller Stolz führte Brian die Kunststücke vor, die er seinem Hund beigebracht hatte. Dazu gehörte natürlich das monatelang geübte Herumwälzen, das der Hund inzwischen perfekt beherrschte. Brian hatte es ihm immer wieder auf dem Teppich vorgemacht.

Während Margaret zuschaute, überlegte sie, wer sich glücklicher fühlte – ihr Mann oder Sly. Beide freuten sich so, wenn sie gelobt wurden. Damals war sie noch jung, und sie malte sich erwartungsvoll aus, wie nett Brian erst sein würde, wenn sie beide »richtige« Kinder hatten.

Glauben Sie, sein Umgang mit dem Hund hätte brauchbare Hinweise darauf gegeben?

Passen Sie gut auf, machen Sie sich Notizen, teilen Sie uns in ein paar Jahren Ihre Beobachtungen mit.

Hunde verschaffen Ehemännern ständig Ausreden und Gründe, warum sie nicht tun können, worum sie gebeten werden. Und Hunde kosten Zeit, viel Zeit – aber nicht die ganze Zeit.

Und Hunde erhalten Ehemänner jung – besonders die Hunde, die schon da waren, bevor die Ehefrau auf der Bildfläche erschien. Vielleicht sollten Ehefrauen diese Hunde gewisse Tricks lehren. Denken Sie doch an die alten Geschichten von Ehefrauen, die diesen Hunden das Sprechen beibrachten!

Der Test »Das Beste vom Besten«

Zweifellos sind Sie mit dem besten Ehemann von der Welt verheiratet – nicht wahr? Immerhin können Sie einiges über die Beziehung sagen – oder?

Setzen Sie sich hin, holen Sie tief Luft und entnehmen Sie diesem Test, ob er der Beste ist. Keine Bange, das ist kein wissenschaftlicher Test. Hier werden nur einige dieser ganz normalen Fragen gestellt, die uns allen immer wieder Kopfzerbrechen bereiten ...

1. Hat Ihr Mann häßliche Füße?
   Nein – 1
   Ja – 2
   Ich habe sie nie gesehen – 3

2. Trägt er Socken am Strand?
   Nein – 1
   Manchmal – 2
   Ja – 3

3. Wie oft wechselt er seine Socken?
   Täglich – 1
   Wöchentlich – 2
   Monatlich – 3

4. Passen seine Socken zusammen?
   Ja – 1
   Nein – 2
   Nur am Montag – 3

5. Stöhnt und jammert Ihr Mann, wenn er krank ist?
   Nein – 1
   Ja – 2
   Nur unter der Decke – 3

6. Wie ist sein Gedächtnis?
   Gut – 1
   Schlecht – 2
   Selektiv – 3

7. Erinnert sich Ihr Mann an Ihren Geburtstag?
   Ja – 1
   Nein – 2
   Danach – 3

8. Sieht er Sportsendungen im TV?
   Nein – 1
   Ja – 2
   Nur, wenn der Fernseher eingeschaltet ist – 3

9. Hat er die Kontrolle über die Fernbedienung?
   Nein – 1
   Ja – 2
   Er schläft damit – 3

10. Besitzt er Geräte?
Nein – 1
Ja – 2
Er kann nicht damit umgehen – 3

11. Kocht er das Abendessen, wenn er vor Ihnen nach Hause kommt?
Ja – 1
Nein – 2
Es gibt nur Tiefkühlpizza – 3

12. Hat Ihr Mann jemals Ihre Zahnbürste benutzt?
Nein – 1
Ja – 2
Er benutzt gar keine – 3

13. Richtet er Ihnen telefonische Mitteilungen wortgetreu aus?
Ja – 1
Nein – 2
Er hört nicht, wenn das Telefon läutet – 3

14. Leiht er sich Geld aus Ihrer Börse, ohne es Ihnen zu sagen?
Nein – 1
Ja – 2
Er leiht sich kein Geld, er stiehlt es – 3

15. Schläft er auf dem Rücken, den Mund leicht geöffnet?
Nein – 1
Ja – 2
Tun sie das nicht alle? – 3

16. Arbeitet Ihr Mann im Haushalt genauso hart wie Sie?
Ja – 1
Nein – 2
Er arbeitet nie im Haushalt – 3

17. Hat sich das Verhalten Ihres Mannes nach der Hochzeit geändert?
Nein – 1
Ja – 2
Völlig – 3

18. Trägt er Unterwäsche mit Löchern?
Nein – 1
Ja – 2
Er trägt keine Unterwäsche – 3

19. Weiß Ihr Mann, wo das Besteck aufbewahrt wird?
Ja – 1
Nein – 2
Er weiß nicht einmal, wo die Küche ist – 3

20. Wann reagiert Ihr Mann positiv, wenn Sie ihm beim Sex vorschlagen, irgendwelche Änderungen im Haushalt vorzunehmen?
Danach – 1
Vorher – 2
Währenddessen – 3

21. Neigt er zu Wutanfällen?
Nein – 1
Ja – 2
Nur, wenn es ums Geld geht – 3

22. Hat sich das Gehör Ihres Mannes verschlechtert?
Nein – 1
Ja – 2
Nur, wenn er's will – 3

23. Regt er sich auf, wenn Sie Geld ausgeben?
Nein – 1
Ja – 2
Welches Geld? – 3

24. Schaut er begehrlich auf andere Frauen?
Nein – 1
Ja – 2
Nur hinter seiner Sonnenbrille – 3

Wenn Ihr Mann 24–34 Punkte gesammelt hat, muß ich Ihnen recht geben. Sie haben sich den allerbesten ausgesucht. Arbeiten Sie mit ihm, vielleicht wird er dann noch besser als die anderen.

35–45: Er ist okay, geraten Sie noch nicht in Panik. Immerhin ist er besser als die meisten. Vielleicht wären ein paar sanfte Ermahnungen angebracht.

46–56: Hier sind noch Verbesserungen möglich. Er hat zu viele schlechte Angewohnheiten von seinem Vater übernommen. Arbeiten Sie schnell, die Zeit läuft Ihnen davon.

57–66: Zweifellos wurde er vor 1940 geboren. Wecken Sie ihn, damit er anfängt, in den neunziger Jahren zu leben. Noch vor der Jahrhundertwende! Sonst ist er verloren.

67–72: Vergessen Sie's! Ohne jeden Zweifel trägt dieser Kerl seine Socken am Strand, benutzt Ihre Zahnbürste und vergißt seine Unterwäsche anzuziehen.

So ist es eben – heutzutage.

Lektionen, die wir gelernt haben

1. Rufen Sie nie den Arzt, ehe Sie sicher sind, daß Ihr Mann im Sterben liegt. Nur dann tun Sie's, für alle Fälle.
2. Sie haben immer sein Lieblingsgetränk im Haus.
3. Rufen Sie nie vom Büro aus zu Hause an, wenn der Ehemann krank ist. Wenn es Probleme gibt, wird er Sie erreichen.
4. Wenn Sie ein Spielzeug für Ihr Kind kaufen, nehmen Sie zwei Stück.
5. Bedenken Sie, daß Ihr Mann alles kann, wenn er muß.
6. Räumen Sie alles aus der Küche und fordern Sie Ihren Mann auf, die Sachen wieder reinzubringen. Er wird Sie nie mehr fragen müssen, was wo ist.
7. Waschen Sie nicht, geben Sie alles in die Wäscherei.
8. Vergessen Sie Teppiche, begnügen Sie sich mit Fliesen oder Bretterböden. Die lassen sich leichter reinigen.
9. Führen Sie sich vor Augen, daß alle Ehemänner dieselben Dinge tun.
10. Inspizieren Sie vor der Hochzeit seine Füße.

11. Setzen Sie Ihre Hoffnung auf die Zeiten, wo Ehemänner Kinder gebären werden.
12. Machen Sie nie im Haus sauber, bevor Sie ausgehen und ihn mit den Kindern allein lassen.
13. Vergessen Sie Wochenendausflüge.
14. Melden Sie ihn bei einem Kurs für Innendekoration an.
15. Wenn Ihr Ehemann sein Auto so gut reinigen kann, schafft er sicher auch ähnliche Arbeiten im Haushalt.
16. Rache ist süß.
17. Kaufen Sie nur Gegenstände, die bereits zusammengesetzt sind.
18. Oder kaufen Sie lieber eine Katze.
19. Ehemänner sind tatsächlich unvollkommen.
20. Bedenken Sie – Liebe macht blind. Im Lauf der Ehe bessert sich die Sehkraft.

Zum Abschluß

Nur ein vollkommener Ehemann wäre noch schlimmer als ein unvollkommener?

Unsere Ehemänner haben viele Schwächen, das stimmt. Sie gleichen einander frappant. Es spielt keine Rolle, wo Sie wohnen, also würde ein Umzug nichts nützen. Ehemänner in Maine, Florida, Kalifornien, Missouri, Texas – ganz egal, wo – sogar Ehemänner in Europa oder so weit weg wie in Japan – man kann ihnen nicht entrinnen!

Die Unvollkommenheit eines Ehemanns ähnelt der Haut. Anfangs ist eins wie das andere weich und glatt, später entstehen Falten.

Unser Leben wäre viel langweiliger, wenn wir vollkommene Ehemänner hätten. Unvollkommene Ehemänner können warmherzig, aufregend und amüsant sein. Wie wir wissen, besitzen sie die Fähigkeit, unglaubliche Situationen zu schaffen, interessant für sich selbst – und für uns.

Ein Ehemann ist so unberechenbar wie das Wetter. In seiner Person vereint er alles, wovon die Ehefrau jemals geträumt oder wovor sie sich gefürchtet hat. Ständig veranlaßt er sie zu der Frage, was als nächstes passieren wird. Vielleicht ist das der Grund, warum wir diese – »unvollkommenen« Ehemänner so innig lieben.

Band 12821

Antje de la Porte

Hexen fliegen nicht alleine

Das darf doch nicht wahr sein, denkt Nina, als sie in ihrer Wohnung nicht Ehemann Oliver, sondern dessen Geliebte vorfindet. Nach ihrer Trennung lernt sie die Tücken des Singledaseins kennen. Sie beginnt eine Affäre mit dem schönen Ralph. Schützenhilfe bekommt Nina von ihren Freundinnen Vera und Chantal, deren Beziehungen zum starken Geschlecht ebenfalls recht stürmisch verlaufen. Alle drei Frauen entdecken neue Wege, und es zeigt sich: Moderne Hexen fliegen nicht lange alleine.

BASTEI LÜBBE

Band 12829

Paula Almqvist

Du hast's gut

Beobachtungen von der Sofakante

Viele kennen und lieben sie: Paula Almqvist, ihres Zeichens Jurnalistin. Neben ihren Reportagen schreibt sie seit Jahren Zeitgeist-Kolumnen für den *stern*. Dieses Buch enthält eine Auswahl ihrer besten Beiträge. Mit Witz, Charme und der berühmten »spitzen Feder« sagt Paula Almqvist dem Zeitgeist den Kampf an, wobei sie sich eher mit dem Alltäglichen als mit dem Außergewöhnlichen befaßt. So schreibt sie zum Beispiel über die unsägliche Qual eines Elternabends, erstellt Klamotten-Wegweiser für die Gartenarbeit oder sammelt unter dem Titel »Nur zehn Minuten täglich« Tips, die das Leben angeblich positiv verändern - Seilhüpfen, Haare bürsten, Sprachkassetten hören, Yoga und vieles mehr.

BASTEI LÜBBE